Karl König

Arbeit und Persönlichkeit

Die Reihe *Psychodynamik der Arbeitswelt* setzt sich zum Ziel, die Ursachen von Entfremdung in der Arbeitswelt zu ergründen und darüber aufzuklären. Sie wendet sich an einen weiten Personenkreis: Psychotherapeuten, Psychoanalytiker, Psychiater, Arbeitsmediziner und -psychologen, Supervisoren, Berater und Coaches, Gewerkschafter und Mitarbeiter der Agentur für Arbeit, Arbeits- und Sozialwissenschaftler, Juristen für Arbeitsrecht sowie alle Arbeitenden, die sich für die Arbeitswelt aus psychodynamischer Sicht interessieren.

Die Reihe *Psychodynamik der Arbeitswelt* wird von Roland Apsel herausgegeben und betreut.

Im Frühjahr 2012 erscheint:

Christophe Dejours et al.:
Klinische Beobachtungen zur Psychopathologie der Arbeit

Karl König

Arbeit und Persönlichkeit

Psychodynamik der Arbeitswelt

Brandes & Apsel

Sie finden unser Gesamtverzeichnis mit aktuellen Informationen
im Internet unter: www.brandes-apsel-verlag.de
Wenn Sie unser Gesamtverzeichnis in gedruckter Form wünschen,
senden Sie uns eine E-Mail an: info@brandes-apsel.de
oder eine Postkarte an:
Brandes & Apsel Verlag, Scheidswaldstr. 22, 60385 Frankfurt a. M.,
Germany

Psychodynamik der Arbeitswelt, Bd. 1

1. Auflage 2011

DTP: Franziska Gumprecht, Brandes & Apsel Verlag, Frankfurt a. M.
Umschlag: Franziska Gumprecht, Brandes & Apsel Verlag, Frankfurt a. M.
Druck: STEGA TISAK d.o.o., Printed in Croatia
Gedruckt auf einem nach den Richtlinien des Forest Stewardship Council (FSC) zertifizierten, säurefreien, alterungsbeständigen und chlorfrei gebleichten Papier.

Bibliografische Information der Deutschen Nationalbibliothek:
Die Deutsche Nationalbibliothek verzeichnet diese Publikation in der Deutschen Nationalbibliografie; detaillierte bibliografische Daten sind im Internet über www.ddb.de abrufbar.

ISBN 978-3-86099-706-2

Inhalt

Vorwort

Arbeit in ihren verschiedenen Formen ist für mich schon lange ein Thema. Zunächst interessierten mich die Arbeitsbeziehungen zwischen Patient und Therapeut (König 1974). Später habe ich mich mit den Einflüssen von Übertragung und Charakter auf menschliches Erleben und Verhalten auseinandergesetzt und die klinische Charakterkunde von Riemann modernisiert, erweitert und ergänzt (König 1992, 2004). Parallel dazu habe ich mich mit den Einflüssen der Charakterstruktur auf den Arbeitsstil beschäftigt, auch mit den Arbeitsstörungen (König 1998). Eine Publikation aus dem Jahre 2007 befasst sich unter anderem mit dem Einfluss der Persönlichkeit auf das Durcharbeiten des in der Therapie Erfahrenen und Erkannten zwischen den Stunden.

Die klinischen Typologien sind in Deutschland weit verbreitet (zu ihrer Entstehungsgeschichte und ihren Vertretern, vgl. Hoffmann 1984). Bei ihnen handelt es sich, obwohl die Charaktertypen aus klinischen Beobachtungen abgeleitet sind, nicht um eine Auflistung von Persönlichkeitsstörungen. Vielmehr geht es um ursprünglich aus pathologischen Charaktertypen abgeleitete Formen der Normalität. Jeder Mensch hat einen Charakter, und erst in starker Ausprägung erreicht ein Charakter Krankheitswert. Eine moderne, differenzierte Industriegesellschaft könnte ohne verschiedene Charaktertypen mit unterschiedlichen Interessen nicht funktionieren.

Zu jedem Charakter gehört ein spezifischer Arbeitsstil. Bei extremen Ausprägungen des Charakters geht der Arbeitsstil in eine Arbeitsstörung über. Der Charakter bestimmt bei jeden Menschen weitgehend seinen Umgang mit Arbeit, Arbeitskollegen, Vorgesetzten und Mitarbeitern. Zu wenig und zu viel Arbeit wirken sich bei verschiedenen Charaktertypen unterschiedlich aus. Bei den Charaktertypen in diesem Buch handelt sich um idealtypische Beschreibungen. Die Charaktertypen können sich kombinieren. Das wird in dem Kapitel über die Entstehungsweise von Charakteren deutlich.

Ich hoffe, auch in diesem Buch wie in vorangegangenen (z. B. 1992, 2004) zu zeigen, dass eine Verbindung von Ich-Psychologie, die sich mit Ich-Funktionen, zum Beispiel mit den so genannten Abwehrmechanismen, beschäftigt, in Kombination mit Erkenntnissen und Konzepten der psychoanalytischen Objektbeziehungstheorie eine differenzierte und dennoch übersichtliche Betrachtung ermöglicht. Das vorliegende Buch fasst die von mir bislang bearbeiteten Aspekte von Arbeit zusammen, entwickelt die Ergebnisse weiter und stellt neue dar. Damit Sie mit der klinischen Typologie vertraut werden, erläutere ich die einzelnen Persönlichkeitstypen im Folgenden, insbesondere im Hinblick auf ihre Entstehung in der Kindheit.

Dank

Ich danke Roland Apsel, dessen Interesse am Burnout-Syndrom mich veranlasst hat, das Thema Arbeit wieder aufzugereifen, für Beratung in Darstellungsfragen. Für Diskussionen, die Anregungen boten, danke ich Ebrahim Ardjomandi, Angelika Berghaus, Jochen Haustein, Ursula Kreuzer-Haustein, Karla Hoven-Buchholz, Reinhard Kreische, Falk Leichsenring, Wulf-Volker Lindner, Anne-Marie Schlösser, Hermann Staats und Ulrich Streeck. Peter Döring hat das Manuskript gelesen und wichtige Änderungsvorschläge gemacht. Meiner Frau Gisela König und meinem Sohn Peter König danke ich für Diskussionen in Grenzgebieten.

Wie entsteht ein Charakter?

Im Alltag spricht man synonym von Charakter oder von Persönlichkeit. Das Wort Charakter bezeichnet Erlebensweisen und Verhaltensweisen, die bei einer Person habituell auftreten. Jeder Mensch hat einen Charakter. Im Alter verstärken sich die Charakterzüge. So wird aus Sparsamkeit Geiz.

Man spricht auch von einem Volkscharakter. Damit ist gemeint, dass bestimmte Charaktereigenschaften in einer Bevölkerung gehäuft vorkommen. In Deutschland spricht man zum Beispiel von den sparsamen Schwaben. Im Ausland gelten Deutsche meist als fleißig, zuverlässig und genau in der Arbeit. Negativ bewertete Charaktereigenschaften sind eine große Neigung, das Leben bürokratisch zu regeln, und Besserwisserei. Welchen Volkscharakter eine bestimmte Bevölkerung entwickelt, hängt unter anderem von den Lebensverhältnissen ab. Die Japaner gelten als besonders ordnungsliebend, was damit zu tun haben könnte, dass Ordnung den Umgang eng beieinander wohnender Menschen erleichtert und Japan aus dicht besiedelten Inseln besteht.

Der Fachterminus Persönlichkeit umfasst mehr als der Fachterminus Charakter, zum Beispiel auch Begabungen und Begabungsmängel. Es gibt auch Unterschiede zwischen Männern und Frauen. Bestimmte grundlegende Programme, die sich im Laufe der Evolution herausgebildet haben, beeinflussen das Erleben und Handeln. Zum Beispiel gibt es bei Männern und Frauen Programme, die die

Partnerwahlen mitbestimmen. So hat eine viel zitierte Untersuchung von David Buss (1989) gezeigt, dass die Kriterien der Partnerwahl (Aussehen bei der Frau, sozialer Status beim Mann) zwischen den Kulturen wenig variieren, was nicht dafür spricht, dass sie umweltbedingt sind. Menschen, die bereits aufgrund ihrer genetischen Struktur zur Ordnung neigen, setzen sich in Bevölkerungen erfolgreicher durch, wo Ordnungsliebe erwünscht ist. Sie erwerben mehr Ressourcen, können sich deshalb ihre Partner eher aussuchen und ihre Kinder unter besseren Bedingungen aufziehen. Ihnen geben sie die Ordnungsliebe über Vererbung von Verhalten weiter; meist auch durch die Beeinflussung der familiären Umwelt, in der ihre Kinder aufwachsen. In einer Bevölkerung setzen sich so die Temperamente am ehesten durch, die in die Sozialstruktur passen. Dass das Erbgut beteiligt sein könnte, lässt sich auch an Tieren beobachten. Bekanntlich weisen verschiedene Pferderassen oder Hunderassen unterschiedliche »Temperamente« auf.

Die (von mir ergänzte und erweiterte) Typologie von Fritz Riemann (1976) beschreibt die Charakterstrukturen als gegeben und führt sie nicht auf bestimmte Entwicklungsbedingungen zurück. Riemann beschreibt die Strukturen unter Verwendung von Metaphern. Zum Beispiel sagt er, dass ein schizoid Strukturierter um sich selbst kreist, ein depressiv Strukturierter um Andere. Meine Typologie lässt sich aus der Entwicklungspsychologie ableiten. Zu bestimmten Zeiten in der menschlichen Entwicklung entstehen bestimmte Beziehungswünsche unter dem Einfluss von Erbe und Umwelt, die dann in ursprünglicher oder modifizierter Form die charakterliche Grundstruktur eines Menschen ausmachen.

Wird die Weiterentwicklung eines Kindes in einem bestimmten Stadium gestört, bleibt es zum Teil auf dieser Entwicklungsstufe stehen. Das hat Folgen für die Beziehungswünsche des Erwachsenen. So überwiegt zum Beispiel bei einer depressiven Struktur das Orale; es überwiegen Wünsche, versorgt zu werden oder zu versorgen.

Beziehungen finden, wenn man so will, auf einer Versorgungsebene statt. Die depressive Struktur stammt aus einer Zeit der Kindesentwicklung, wo die Nahrungsaufnahme im Zentrum des Erlebens stand, der so genannten oralen Entwicklungsphase.

Mit den Erfahrungen, die ein Kind während einer jeden Entwicklungsphase macht, muss es während dieser Zeit und in der Folgezeit umgehen. Die bevorzugt erhalten gebliebenen Beziehungswünsche aus jener Zeit können im Wesentlichen so bleiben, wie sie waren, wenn auch in einer erwachseneren Form. Sie können aber auch bereits in der Kindheit modifiziert werden. Das geschieht vor allem dann, wenn das Kind mit den Beziehungswünschen in ihrer ursprünglichen Form Schwierigkeiten erlebt. Zur Modifikation der Beziehungswünsche setzt es die so genannten Abwehrmechanismen ein: Wünsche können blockiert werden, so dass sie nicht ins Bewusstsein treten. In der Psychoanalyse spricht man dann von Verdrängung. Wenn Verdrängung allein nicht ausreicht, kann es zu einer »Reaktionsbildung« kommen. Im Ich des Kindes entsteht ein Erleben, dass dem ursprünglichen Erleben entgegengesetzt ist. So können aggressive Impulse durch Mitleid niedergehalten werden. Der ursprüngliche aggressive Impuls wird nicht mehr erlebt, erlebt wird nur das Mitleid. Es gibt eine Fülle von Abwehrmechanismen (vgl. A. Freud 1936; König 1996).

Eine Charakterstruktur, bei der ein ursprünglicher zentraler Beziehungswunsch (König 1998) im Wesentlichen erhalten bleibt, ist die *schizoide Struktur*. Bei dieser Struktur bleibt der Wunsch erhalten, mit der Mutter eins zu sein. Ein solcher Wunsch richtet sich später auch auf andere Personen. Er ist mit Angst verbunden. Deshalb wird die Nähe anderer Menschen oft vermieden. Man spricht dann von Abwehrverhalten.

Eine *narzisstische Struktur* entsteht als Folge eines Mangels in der Beziehung zwischen Mutter und Kind oder einer Mutter-Ersatzperson und dem Kind. Das Kind wird zwar versorgt, es fehlt aber die

Begeisterung, die ein Säugling normalerweise bei den Eltern auslöst: »Mein Baby ist das schönste auf der Welt.« Der austroamerikanische Psychoanalytiker Heinz Kohut sprach vom »Glanz im Auge der Mutter«. Diese spezifische Art von Begeisterung kann aus verschiedenen Gründen fehlen. Die Mutter kann den Vater des Kindes ablehnen, das Kind kann zur Unzeit kommen oder die Mutter lehnt generell die Mutterrolle ab.

Heute setzt sich zunehmend eine Tendenz durch, die Versorgung der Kinder zwischen Mutter und Vater aufzuteilen. Dann macht es einen Unterschied, ob der Vater sich aus eigenem Antrieb mit dem Kind beschäftigt oder das nur tut, um die Mutter zu entlasten.

Mutter-Ersatzpersonen, die mit einem Baby umgehen, weil das ihr Beruf ist, zeigen oft nicht die gleiche Begeisterung für das Baby wie eine Mutter für ein leibliches Kind. Meist mögen sie aber Kinder.

Insgesamt müssen wir davon ausgehen, dass ein Kind mitbekommt, ob die Menschen, die mit ihm umgehen, es mögen und auch von ihm begeistert sind oder nicht. Liebe muss mit einer gewissen Wertschätzung verbunden sein. Fehlt die Wertschätzung, kommt es beim Kind kompensatorisch zu einer Selbstüberschätzung. Das Kind hat die Erfahrung gemacht, dass es von einem Gegenüber wenig oder keine Wertschätzung erwarten kann. Dass erträgt sich leichter, wenn das Gegenüber unwichtig ist. Deshalb wird das ursprüngliche Gegenüber und werden später auch andere Menschen abgewertet.

Zum Vergleich: Bei einer schizoiden Struktur werden dem Kind zwischenmenschliche Kontakte vorenthalten oder nur in rudimentärer Form geboten. Das alleingelassene Kind reproduziert später das Alleinsein, indem es Kontakte mit anderen Menschen vermeidet. Gleichzeitig ist aber der Wunsch, mit einer anderen Person eins zu sein, immer noch aktiv. Er macht Angst, weil seine Erfüllung einen Verlust von dessen Identität und Individualität bedeuten würde. Deshalb sind für schizoid Strukturierte Beziehungen zu Menschen, die als sehr ähnlich erlebt werden, weniger Angst erregend. Käme es tatsächlich zu einer Verschmelzung des schizoid Strukturierten mit einer Person, die ihm gleicht, ginge die eigene Individualität und Identität dabei nicht verloren.

Eingangs habe ich die *depressive Struktur* als Beispiel genommen. Diese Struktur entsteht durch Störungen der Versorgung auf einer oralen Ebene. Zum Beispiel: Das Kind wurde nicht gestillt, wenn es das Bedürfnis empfand, Nahrung aufzunehmen, sondern nach einem starren Schema. Das Kind wurde beim Stillen oder beim Füttern mit der Flasche nicht so gehalten, dass es entspannt trinken konnte. Daraus ergab sich, dass sich das Kind beim Trinken nicht sicher fühlte. Die Nahrungsaufnahme war mit unangenehmen Gefühlen verbunden. Das kann zu einer Blockierung oraler Impulse führen. Im Wunschspektrum solcher Menschen entsteht eine orale Leerstelle, orale Impulse werden nicht mehr manifest. Oft wird das von depressiv Strukturierten als »Bescheidenheit« ideologisiert.

Man kann sagen, dass der depressiv strukturierte Erwachsene im Innersten fürchtet, »zu verhungern oder zu verdursten«. Diese Angst wird nicht konkret erlebt. Es handelt sich um eine unbewusste, aus der Kindheit stammende Phantasie. Erlebt wird eine Abhängigkeit von anderen Menschen, die als »lebenswichtig« empfunden werden, zu denen die Beziehung aber unsicher ist. Depressiv strukturierte Menschen tun viel, um Beziehungen zu erhalten. Beziehungspartner möchte sie »um jeden Preis« zufriedenstellen. Wie oben schon erwähnt, spielt in den Beziehungen depressiv Strukturierter Versorgung eine große Rolle. Depressiv Strukturierte möchten versorgt werden oder andere versorgen. Ihre Beziehungen haben eine orale Färbung. Aggressive Impulse, die eine als labil erlebte Beziehung gefährden könnten, werden gegen die eigene Person gerichtet. Zum Beispiel macht sich der Betreffende Selbstvorwürfe, statt dem Gegenüber Vorwürfe zu machen. Dabei handelt es sich um einen Abwehrmechanismus: den Abwehrmechanismus der »Wendung gegen die eigene Person«.

Eine *Zwangsstruktur* entsteht, wenn ein kleines Kind in seiner Selbstbestimmung durch Verbote stark eingeengt wird. Das geschieht besonders in Ländern, wo es in der Gesellschaft auch außerhalb der Familie viele Verbote gibt. Deutschland gehörte lange dazu und hat auch heute noch, aus der Perspektive von Ausländern, die unser Land besuchen, viele Verbote.

Beim Kind betreffen die Einschränkungen vor allem den Bereich der Motorik: Das Kind darf sich nicht frei im Raum bewegen. Es muss auf einem Fleck bleiben. Solche Kinder kommen oft auch früh aufs Töpfchen. Eltern sollten sich bei der Sauberkeitserziehung kindgerecht verhalten. Dazu gehört auch, dass die Selbstbestimmung des Kindes nicht zu früh eingeschränkt wird. Wie Eltern sich verhalten, hat mit ihren eigenen Erfahrungen in der eigenen Familie und eben auch mit den aktuellen Normen der Gesellschaft zu tun, wo sie mit dem Kind leben.

Bei der Zwangsstruktur spielen Abwehrmechanismen, *die ursprüngliche Beziehungswünsche modifizieren,* eine große Rolle. Häufig wird die schon erwähnte Reaktionsbildung eingesetzt: Aggressives Verhalten und aggressives Verhalten auslösende Affekte wie Wut oder Zorn werden durch gegenläufige Affekte ersetzt, die ein gegenläufiges Handeln bewirken. So kann der Wunsch, dem Anderen weh zu tun, durch Mitleid überdeckt werden. Eine große Rolle spielt bei der Zwangsstruktur auch die Projektion. Eigene aggressive Gefühle und Impulse, die aggressives Handeln auslösen könnten, werden einem Gegenüber zugeschrieben. Auch können sie von einer Person auf eine andere verschoben werden, mit der eine aggressive Auseinandersetzung weniger gefährlich wäre. Der Zwanghafte kämpft dann auf einem ungefährlicheren »Nebenkriegsschauplatz«. Man spricht von einer Verschiebung auf das Kleinere oder das Kleinste. Um eigenes aggressives Verhalten zu verhindern, zu dem entsprechende Affekte motivieren könnten, wird Isolierung vom Affekt besonders von Zwanghaften als Abwehrmechanismus eingesetzt.

Konflikte lassen sich auch dadurch verhindern, dass die Konfliktpartner getrennt werden. Widersprüche in einem Sachverhalt, die zu Konflikten führen könnten, werden dadurch »unschädlich« gemacht, dass der Zwanghafte die einzelnen Aspekte des Sachverhalts voneinander isoliert. Man spricht vom Abwehrmechanismus »Isolierung aus dem Zusammenhang«. Eine solche Isolierung hat den Nachteil, dass die getrennten Anteile nicht miteinander verglichen werden können. Um Wichtiges von Unwichtigem zu unterscheiden, muss man aber Vergleiche anstellen. Zwanghafte haben deshalb oft eine Schwäche bei der Differenzierung zwischen Wichtigem und Unwichtigem.

Etwa zur gleichen Zeit wie die zwanghafte Struktur entsteht die *phobische*. Es handelt sich um einen alternativen Entwicklungsweg. Auch hier geht es um die Freiheit eigenmotivierten Handelns. Kinder lernen viel durch Versuch und Irrtum. Werden sie daran gehindert zu probieren, hindert sie das daran, selbstständig zu lernen. Manche Eltern nehmen dem Kind eine Tätigkeit, mit der es nicht gleich Erfolg hat, aus der Hand, weil sie fürchten, das Kind könnte sich dabei verletzen oder die Aufgabe, die sich stellt, nicht lösen – oder weil es schneller geht, wenn sie die entsprechende Handlung selbst ausführen. Auch ein solches Verhalten behindert das Lernen durch Versuch und Irrtum. Kompetenzen, die das Kind so erwerben könnte, werden nicht erworben. Das Kind bleibt auf Personen angewiesen, die diese fehlenden Kompetenzen substituieren. Es kann aber auch sein, dass das Kind beim Lernen durch Versuch und Irrtum von den Eltern nicht ausreichend begleitet wurde. Es erleidet so vermeidbare, demotivierende Misserfolgserlebnisse und lernt deshalb nicht ausreichend.

Das Kind kann auch die Einschätzung der Eltern übernehmen, dass es bei dem, was es in Angriff nimmt, keinen Erfolg haben wird. Es entwickelt insgesamt die Befürchtung, dass seine Initiativen scheitern werden. Im Erwachsenenalter besteht immer noch der Eindruck, dass ein Handeln nur gelingen kann, wenn eine andere, begleitende Person keine Einwände erhebt und den phobisch Strukturierten gewähren lässt. Phobisch strukturierte Erwachsene brauchen Begleitpersonen, um aktiv werden zu können. Ist keine vorhanden, beantworten sie Initiativen, die in ihnen aufsteigen, mit Angst. Die entsprechende Handlung unterbleibt. Eine Person, der die Rolle zugeschrieben wird, das Handeln des Erwachsenen zu begleiten und zu verhindern, dass er mit seinem Handeln scheitert, habe ich »äußeres steuerndes Objekt« – kurz: »steuerndes Objekt« – genannt (König 1981). Ein solches Objekt kann auch bewirken, dass Situationen, die vom phobisch Strukturierten in seiner Einschätzung nicht bewältigt werden könnten, gar nicht entstehen. So kann ein Begleiter oder eine Begleiterin verhindern, dass eine Frau auf der Straße angesprochen wird. Die Frau fürchtet, dass sie nicht adäquat reagieren kann, und es entlastet sie, wenn sie nicht in eine entsprechende Situation geraten kann, weil Frauen in Begleitung in der Regel nicht angesprochen werden. Ohne Begleiter kann ein phobisch strukturierter Mensch mit Situationen, die bei ihm Angst hervorrufen würden, nur durch Vermeidung (als Abwehrmechanismus) umgehen. Bei einem phobischen Krankheitsbild, z. B. der Straßenangst, heißt dies, dass der oder die Agoraphobe nicht auf die Straße geht.

In früheren Publikationen (z. B. König 1992) habe ich die *phallisch-narzisstische Struktur* und die *hysterische Struktur vom ödipalen Typ* nicht getrennt, sondern gemeinsam als hysterische Struktur beschrieben. Heute sehe ich die hysterische Struktur zweigeteilt: Ich unterscheide eine *hysterische Struktur vom ödipalen Typ* von einer *hysterischen Struktur vom phallisch-narzisstischen Typ.* Beide Strukturen können sich, wie andere Strukturen auch, miteinander kombinieren. Die phallisch-narzisstische Struktur entsteht etwas früher als das ödipale konflikthafte Beziehungsdreieck; zu einer Zeit, wo Jungen und Mädchen sich der Geschlechtsunterschiede bewusst werden und ihre Aufmerksamkeit darauf richten. Fühlen sich Jungen und Mädchen in ihrer Geschlechtsrollen nicht akzeptiert oder aber besonders beachtet, gewinnen die Geschlechtsmerkmale für sie eine besondere Bedeutung. Später streben die Menschen mit einer phallisch-narzisstischen Struktur eine Bestätigung ihrer Geschlechtseigenschaften am. Bei mangelnder Anerkennung zweifeln sie an deren Güte und Attraktivität. Das kann damit zu tun haben, dass sie mit ihren Geschlechtseigenschaften als Kind nicht akzeptiert oder nicht bestätigt wurden; aber eben auch damit, dass ihre Geschlechtseigenschaften besonders betont und gelobt wurden, weshalb sie ein übersteigertes Maß an Lob und Anerkennung auch in späteren Jahren erwarten und fürchten, dass die Attraktivität ihrer Geschlechtseigenschaften verlorengegangen ist, wenn sie keine Begeisterung hervorrufen.

Es kommt während der phallisch-narzisstischen Phase auch zu Vergleichen zwischen Kindern verschiedenen Geschlechts, wenn Gelegenheit dazu gegeben ist. Wird ein Kind wegen seiner Geschlechtseigenschaften bewundert, insbesondere wegen eines Verhaltens, das die Umgebung seinem Geschlecht zuschreibt, kann das eine Fixierung seiner Aufmerksamkeit auf die Geschlechtseigenschaften lenken. Auch Bewertungen von Personen des anderen Geschlechts haben einen Einfluss, wenn sie mit der Bewertung des eigenen Geschlechts *verglichen* werden.

Bei erwachsenen Männern, die sich betont männlich gegeben, spricht man im Alltagsjargon oft von einem Machoverhalten. Frauen, die als Mädchen männliche Geschlechtseigenschaften attraktiver fanden; etwa weil sie in der Familie höher bewertet wurden als weibliche oder weil der Vater in der Familie eine herausgehobene, attraktive Position hatte, so dass sie sich eher mit dem Vater als mit der Mutter identifizieren wollten, geben sich betont »männlich« und blicken auf Frauen, die weibliche Eigenschaften im klassischen Sinne zeigen, mit Verachtung herab. Frauen, die sich mit der Frauenrolle im klassischen Sinne identifizieren, betonen solche Eigenschaften, von denen sie annehmen, dass sie zu einer klassischen Frauenrolle passen, sowohl in der äußeren Selbstpräsentation als auch im Verhalten. Die Bezeichnung phallisch-narzisstisch für solche Frauen passt nicht recht. »Geschlechtszentriert« wäre eine Bezeichnung, die auf Frauen wie Männer, die ihre Geschlechtseigenschaften betonen, passen würde.

Die Bewertung von Geschlechtseigenschaften ist in hohem Maße kulturell bedingt. Wie ein Mann oder eine Frau sein soll, wird in Deutschland oder England anders gesehen als in Italien oder in Brasilien. Es gibt Länder, in denen auch heute noch stark zwischen der männlichen und der weiblichen Rolle differenziert wird, wie etwa in Russland (z. B. Boll-Pallievskaya 2009), während sich in Deutschland die Rollen viel mehr angeglichen haben. Ein eher männliches Verhalten bei Frauen wird allerdings immer noch leichter akzeptiert als ein eher weibliches Verhalten bei Männern. Im 21. Jahrhundert scheinen männlich identifizierte Frauen sehr viel häufiger zu sein als weiblich identifizierte Männer. Das könnte sich in den nächsten Jahrzehnten ändern, vielleicht sogar umkehren.

Die *hysterische Struktur vom ödipalen Typ* entsteht durch eine Fixierung im ödipalen Konflikt. In der ödipalen Entwicklungsphase geht es um Beziehungen zur Mutter als Frau und zum Vater als Mann. Das Kind möchte das gleichgeschlechtliche Elternteil aus einer Partnerschaft mit dem gegengeschlechtlichen Elternteil verdrängen. Im so genannten negativen Ödipuskomplex sind die Geschlechter vertauscht. Das Kind möchte das gegengeschlechtliche Elternteil beim gleichgeschlechtlichen verdrängen. Im ödipalen Dreieck kann man sich als Erwachsener mit jeder Position identifizieren: mit der Kindposition oder mit einer Elternposition.

Die Eltern können zur Fixierung eines Kindes in der ödipalen Entwicklungsphase beitragen. Ein Vater kann sich einer Tochter gegenüber verführend verhalten, eine Mutter einem Sohn gegenüber, im negativen Ödipuskomplex spiegelbildlich. Vater und Mutter können signalisieren, dass sie das Kind dem Partner vorziehen: Diese Fixierung in der ödipalen Konfliktsituation hält das Kind in einer dysfunktionalen Form der Beziehungsgestaltung fest. Zu einem Partner oder einer Partnerin des späteren Erwachsenen muss dann gehören, dass er oder sie bereits gebunden ist. Trennt sich ein solcher Partner oder eine solche Partnerin von dessen Partnerin oder Partner, verliert er oder sie die spezifische Attraktivität. Das macht verstehbar, weshalb eine Beziehung gerade dann auseinandergehen kann, wenn eine hysterisch strukturierte Geliebte das gewünschte ödipale Ziel erreicht: nämlich das Ziel, die Partnerin der begehrten Person aus der Beziehung zum geliebten Mann zu verdrängen.

Hat ein Kind sein ödipales Ziel erreicht, kann es also den Eindruck haben, vom begehrten Elternteil dessen Partnerin oder Partner vorgezogen zu werden, so hat das spezifische Auswirkungen auf das Beziehungsverhalten. Es entsteht die so genannte ödipale Illusion. Diese Illusion besteht darin, dass das Kind später als Erwachsener glaubt, es komme im Leben hauptsächlich darauf an, als Partner oder Partnerin akzeptiert zu werden, wobei erwachsene Kompetenzen, wie sie der besiegte Vater oder die besiegte Mutter hatten, *nicht* ins Gewicht fallen. Diese Einstellung führt oft zu einem Scheitern im Beruf, oft schon während der Schulzeit oder in einer Ausbildung.

Zurzeit ist die ödipale Illusion für Männer nachteiliger als für Frauen. Eine Frau kann ein Stück weit kindlich wirken und über wenig erwachsene Kompetenzen verfügen, ohne deshalb unattraktiv zu sein. Sieht sie gut aus und verhält sie sich attraktiv, kann sie einen Partner finden, der ihre fehlenden Kompetenzen durch Geld ausgleicht. Bei Männern wird die Attraktivität zu einem großen Teil durch ihre soziale Stellung bewirkt, und die kann in der Regel nur dann erworben werden, wenn erwachsene Kompetenzen vorhanden sind. Die fortschreitende Angleichung der Geschlechter in ihren sozialen Rollen führt in letzter Zeit aber immer mehr dazu, dass Männer von Frauen berufliche Kompetenzen erwarten. Selbst wenn eine

Frau nicht außer Haus berufstätig ist, hat sie Aufgaben in der Kindererziehung und im Haushalt, und nur wenn viel Geld vorhanden ist, kann sie sich in diesen Aufgabenbereichen ausreichend von bezahlten Hilfskräften unterstützen lassen.

Verbleibt ein Kind in der ödipalen Konfliktsituation, tritt es also nicht in die so genannte Latenzphase ein, kann es die auf die ödipale Zeit folgende relative Ruheperiode nicht zur Weiterentwicklung der Ich-Funktionen nutzen. Deshalb werden wichtige Ich-Funktionen, über die Erwachsene verfügen sollten, unzureichend ausgebildet. Rückstände finden sich vor allem im Bereich der Affekttoleranz, der Frustrationstoleranz und der Impulskontrolle.

Wenn von hysterischen Personen die Rede ist, denken viele Menschen zuerst an jemanden, der von seinen Emotionen beherrscht wird und unbedacht handelt, was er dann als »spontan« bezeichnet, oder an jemanden, der dramatische Auftritte liebt und der Anderen gern etwas vorspielt. Das zeigt sich auch darin, dass in der psychiatrischen Fachterminologie die Bezeichnung »hysterisch« durch die Bezeichnung »histrionisch« ersetzt worden ist. In dieser Bezeichnung steckt die Annahme, dass ein hysterischer oder eben histrionischer Mensch sich wie ein Schauspieler verhält. Man könnte sagen, dass hysterisch strukturierte Menschen als Kinder Rollen angestrebt oder angenommen haben, die ihrem Alter nicht adäquat waren. Ein Kind, das sich als Partner oder Partnerin von Mutter oder Vater phantasiert, begibt sich in eine solche Rolle: Jemand zu sein, der oder die man nicht ist, gehört zur Essenz der ödipalen Wünsche. Später zeigt sich das in einer Neigung zu Rollenspielen.

Hysterisch Strukturierte wirken oft originell. Das ist nicht eine Originalität, wie ein schizoid Strukturierter sie anstreben würde, der anders sein möchte als andere. Vielmehr ist es eine Art von Originalität, die man oft bei Kindern im Vorschulalter findet und die bei Erwachsenen naiv wirken kann.

Insgesamt lässt sich sagen, dass Menschen, die in einem ödipalen

Konflikt befangen geblieben sind, als Erwachsene bezüglich mancher ihrer Ich-Funktionen einen Entwicklungsstand aufweisen, der dem eines vier- bis fünfjährigen Kindes entspricht. Das wird oft irrtümlich als ein struktureller Störungsanteil gedeutet, der seine Wurzeln in den ersten zwei Lebensjahren hätte.

Arbeiten: Motive, Hindernisse und Störungen

Charaktertypen und ihr spezifischer Umgang mit Menschen bei der Arbeit

Ich beginne mit schizoid strukturierten Menschen, einem Typus, der uns öfter begegnet, als wir zunächst denken.

Schizoid strukturierte Menschen interessieren sich für die »Sache an sich«. Mit »Sache« ist hier nicht etwas in der äußeren Realität gemeint, sondern eine Aufgabe, die der schizoid Strukturierte sich stellt. Wie von sich selbst verlangt er von etwaigen Mitarbeitern eine hohe Konzentration auf die Arbeit. Persönliche Wünsche müssen hinter der Arbeit zurücktreten. In Positionen, die auch interpersonelle Kompetenzen verlangen, kommen schizoid Strukturierte meist nur dann, wenn ihre fachliche Kompetenz so hoch ist, dass man bei der Besetzung einer Stelle nicht an ihnen vorbei kann.

Manche schizoid Strukturierte neigen zu paranoiden Reaktionen. Das hat unter anderem damit zu tun, dass sie aus der Umwelt wenig konkrete Informationen aufnehmen. Die so entstehenden Wahrnehmungslücken füllen sie mit eigener Phantasie. An anderen Menschen verstehen sie, was sie von sich selbst kennen. Die latente Aggressivität eines Gegenübers nehmen sie besser wahr als andere das tun.

Was ihnen entgeht, sind die Modifikationen der latenten Aggressivität im bewussten Erleben. Sie entdecken eine Aggressivität, die dem Betreffenden so nicht bewusst ist. Mit ihm gehen sie ebenso um, als sei er manifest aggressiv. In der Zusammenarbeit führt das zu großen Problemen. Entsprechendes gilt für liebende Gefühle. Schizoid Strukurierte können intuitiv entdecken, dass jemand sie mag. Das bringt sie oft dazu, auf Distanz zu gehen, damit nicht zu viel Nähe entsteht. Intuition hat hier etwas mit Projektion zu tun: Der schizoid Strukturierte projiziert eigene Hassgefühle oder Liebesgefühle auf sein Gegenüber und entdeckt eine Übereinstimmung der Projektion mit tatsächlich Vorhandenem, also mit vorhandenen Liebesgefühlen eines Gegenüber. Sind die eigenen Liebesgefühle des schizoid Strukturierten stark genug, kann er dem Gegenüber aber auch Liebesgefühle unterstellen, die nicht vorhanden sind.

Kann sich ein schizoid Strukturierter nicht gut orientieren, wird er oft aggressiv. Er orientiert sich dann an den Reaktionen des Gegenübers. Gleichzeitig stellt er eine interpersonelle Verbindung her, die intensiv sein kann, aber keine manifesten Gefühle von Sympathie enthält, die zu größerer Nähe führen könnten. Nicht jede aggressive Äußerung hat aber diese Funktion. Es kann auch sein, dass der schizoid Strukturierte nur die Wahrheit sagt, so wie er sie sieht, auch wenn das als Aggression empfunden wird und verletzend ist. Hieraus ergeben sich interpersonelle Schwierigkeiten. Schizoid Strukturierten mangelt es oft an alltagspraktischen Kompetenzen. Finden sie jemanden, der sie darin ergänzt, kann das zu langandauernden Beziehungen führen, etwa zu stabilen Arbeitsbeziehungen zwischen einem Chef und seiner Sekretärin. Depressiv strukturierte Menschen, z. B. die Sekretärin, bewundern die scheinbare Unabhängigkeit des schizoid Strukturierten.

Von der Individualität einzelner Menschen abstrahiert ein schizoid Strukturierter. Er sieht sie als Repräsentant einer Kategorie – etwa: »Mensch« oder »Mann« oder »Frau« – und hat oft ein Frauenbild, zu dem depressiv strukturierte, scheinbar selbstlose Frauen passen. Arbeiten er und die Frau für eine gemeinsame »Sache«, hat er nicht den Eindruck, die Frau auszunutzen.

Dass schizoid Strukturierte relativ wenig von der äußeren Realität wahrnehmen, insbesondere achten sie nicht auf Details, kann sich bei der Arbeit negativ auswirken. Sie ziehen falsche Schlüsse und handeln deswegen falsch. Wenn sie es sich aussuchen können, verrichten sie lieber Arbeiten, die von wenigen, dann aber gesicherten Informationen ausgehen. Ein Beispiel für eine solche Tätigkeit ist die des Mathematikers. Er geht von gesicherten Axiomen aus. Im Kontrast dazu steht der Umgang mit Menschen, deren Verhalten durch unübersehbar viele Faktoren beeinflusst wird.

Zur *narzisstischen Struktur* gehört Selbstüberschätzung, kombiniert mit der Unterschätzung und Entpersonalisierung anderer. Die Selbstüberschätzung ist oft Bestandteil manifester Omnipotenzphantasien, die sich als gefährlich erweisen können, wenn sie mit den tatsächlichen Arbeitsergebnissen unvereinbar sind. Konkrete Arbeit wird dann oft vermieden. Der narzisstisch Strukturierte flüchtet sich in Phantasien, die sich auf die Zukunft beziehen. Er phantasiert, in naher oder ferner Zukunft einen Betrieb zu leiten, große Entdeckungen zu machen, berühmt zu werden. Häufig finden sich solche Omnipotenzphantasien bei arbeitsgestörten Studenten, deren bewusstes Ziel eine Professur ist.

Manche narzisstisch Strukturierte erreichen ihre Ziele tatsächlich; meist dann, wenn sie sich interpersonelle Kompetenzen erworben haben, die oft manipulativ ausgerichtet sind, und wenn die passenden Begabungen vorhanden sind. Im Erfolg bleiben sie von fast kontinuierlicher Bewunderung abhängig. Wegen fehlender Bewunderung in der Kindheit haben sie gleichsam kein Behältnis entwickelt, in dem sie Bewunderung speichern könnten.

Menschen sind für narzisstisch Strukturierte Funktionsbündel.

In der Zusammenarbeit sieht ein narzisstisch strukturierter Chef in den Kollegen und Mitarbeitern nur deren Funktionen. Viele können das gut verbergen und sich menschlich interessiert zeigen, ohne es zu sein. Zum Beispiel integrieren manche narzisstisch strukturierte leitende Angestellte ihre Mitarbeiter gleichsam in ihr Selbstbild. So kann ein Mitarbeiter zur »rechten Hand« avancieren, ohne dass er als Person wahrgenommen wird. In dieser Funktion kann er ausgetauscht werden, wenn er die Erwartungen nicht erfüllt.

Arbeitsgebiete werden weniger nach direktem Interesse ausgesucht als nach der Anerkennung oder Bewunderung, die sie bringen können. Das kann die Arbeitsergebnisse beeinträchtigen, weil das eigene, persönliche Interesse fehlt. In einer leitenden Position kann eine mangelnde Berücksichtigung der Arbeitsergebnisse anderer zu Fehlplanungen und überflüssiger Arbeit führen. Die Missachtung oder fehlende Beachtung der Mitarbeiter bewirkt auch, dass brachliegende Ressourcen nicht wahrgenommen werden. Bei der Arbeitsplanung in einem großen Betrieb kann es einem Chef aber zugute kommen, wenn er Mitarbeiter als »Figuren« sehen kann, wie Figuren auf einem Schachbrett. Mit den Figuren »spielt« er dann. Eine solche Einstellung erleichtert taktische und strategische Überlegungen.

Einem narzisstisch strukturierten Chef fehlt es an generativem Streben im Sinne von Erik H. Erikson (1973): Zum generativen Streben gehört auch, dass der Chef die eigenständige Entwicklung seiner Mitarbeiter fördert. Im Betrieb sind bei einem narzisstisch strukturierten Chef oft keine profilierten Nachfolger vorhanden, weil er die geeigneten Leute nicht genügend gefördert hat.

Auf gleicher hierarchischer Ebene haben Menschen mit einer narzisstischen Persönlichkeitsstruktur regelhaft Schwierigkeiten mit der Kooperation. Sie halten sich für besser als andere, was aversive Reaktionen hervorrufen kann, wenn ein überhebliches Verhalten deutlich geworden ist. Wegen ihrer hohen Kränkbarkeit tun sie sich schwer damit, konstruktiv gemeinte Kritik als konstruktiv zu erleben und zu nutzen. Wo eine gute Kooperation mit anderen für den Karriereerfolg notwendig ist, scheitern narzisstisch Strukturierte; dann allerdings nicht, wenn sie gelernt haben, ihre Reaktionen auf Kritik zu verbergen und taktisch zu reagieren.

Identifiziert sich ein narzisstisch strukturierter Mitarbeiter mit einem bewunderten Chef, kann er ihn an die Stelle des Ich-Ideals setzen und eigene Ziele zurückstellen. Er ist abhängig von der Zustimmung der Chefs und von seinem Lob. Ein Lob des Chefs kann ihn in einen narzisstischen Erregungszustand versetzen, in dem er »abzuheben« droht. Karriereerfolg haben solche narzisstisch strukturierten Menschen, die nach außen hin eine kooperative Fassade aufrechterhalten können, hinter der sie sich »ihren Teil denken«. Natürlich kann das dazu führen, dass sie unwahrhaftig wirken. Auf mittleren Positionen einer Karriereleiter haben sie ähnliche Schwierigkeiten, wie ich es für die Chefs beschrieben habe, die sich dann aber mit Schwierigkeiten in der Beziehung zum Chef kombinieren, wenn sie den Chef innerlich abwerten und das dann aber durchzuscheinen beginnt.

Narzisstisch strukturierte Forscher entwerten die Arbeit der Forschergeneration, die ihrer vorausgegangen ist, während sie »Klassiker«, deren Existenz und Arbeit weit zurückliegt, eher akzeptieren.

Der schizoid strukturierte Forscher verhält sich ähnlich, ist dabei aber anders motiviert: Er möchte autark sein und seine Individualität betonen. Das kann so weit gehen, dass er Schwierigkeiten hat, Publikationen anderer zu lesen und dort Gelesenes in sich aufzunehmen. Was von den Anderen kommt, könnte ihn von innen heraus besetzen und seine Individualität zerstören.

Im Unterschied dazu hält sich ein narzisstisch Strukturierter im Vergleich zu den meisten – wenn nicht allen anderen Menschen – für bedeutender als sie, und oft ist er der Meinung, es könne nur weitergehen, wenn ein völlig neuer Weg eingeschlagen werde – und zwar von ihm. Aus einer solchen Einstellung können, wenn entsprechende

Begabungen vorhanden sind, neue, fruchtbare Ansätze entstehen. Es kann aber auch vorkommen, dass der narzisstisch strukturierte Forscher längst Bekanntes auf seinem neuen Weg neu entdeckt zu haben glaubt.

Für alle charakterbedingten Probleme gilt, dass eine besondere Begabung manches ausgleichen kann. Das gilt auch für narzisstisch strukturierte Menschen. Bei mittlerer Begabung ist die Karriereprognose narzisstisch Strukturierter eher schlecht.

Depressiv strukturierten Menschen fehlt es an Initiative. In ihrer frühen Entwicklung wurden selbstversorgende (orale) Initiativen blockiert. Ein depressiv Strukturierter arbeitet selten oder nie aus Funktionslust. Meist arbeitet er, um anderen nützlich zu sein, weil die ihm wichtig sind oder weil sein Gewissen es ihm befiehlt. Man findet depressiv Strukturierte häufig in helfenden Berufen. Meist wollen sie anwesenden, konkreten Individuen helfen. Das unterscheidet sie von schizoid Strukturierten, die, wenn überhaupt, nicht einzelnen Menschen, sondern einer bestimmten Kategorie von Menschen oder der gesamten Menschheit helfen möchten. Meist gestatten sich depressiv Strukturierte keine Gefühle der Freude oder des Glücks. Sie können sich aber *mit* anderen freuen, denen sie geholfen haben.

Wegen ihres Initiativemangels tun sich depressiv Strukturierte schwer, eine Arbeit zu beginnen. Andererseits können sie dann schwer Pausen machen. Sie fürchten, dass sie nicht wieder in Gang kommen können, wenn sie die Arbeit unterbrechen. Auch befiehlt ihnen ihr Gewissen, tätig zu sein, so lange Arbeit anliegt. Den Mangel an eigener Initiative können sie dadurch kompensieren, dass sie mit Menschen zusammenarbeiten, die initiativ sind. Das kann sie aber überfordern, wenn sie zu langsam arbeiten, um »mitzukommen«.

Sie beurteilen Arbeit nach der Anstrengung, die sie verursacht, nicht nach den Ergebnissen. Wenn sich jemand bei der Arbeit weniger anstrengt als sie, können sie schwer glauben, dass er dennoch gute Arbeit leistet. Außerdem könnte er doch mehr leisten, wenn er mehr arbeiten würde. Jeder ist verpflichtet, so viel zu arbeiten, wie er kann. Depressiv Strukturierte geraten in Konflikte mit Vorgesetzten, die nicht die Anstrengung, sondern die Arbeitsergebnisse honorieren.

Depressiv strukturierte Menschen können Arbeit in der Regel auch nicht gut strukturieren: Sie empfinden eine Arbeitsaufgabe als einen Berg, vor dem sie resignieren. Ein Berg kann motivieren, ihn zu besteigen oder zu bezwingen. Der depressiv Strukturierte bleibt mit einer unscharf konturierten Masse konfrontiert, die er nicht bewältigen kann. Oft hat er dann den Eindruck, dass ihm die Arbeit »über den Kopf wächst«. Dazu trägt bei, dass Arbeit, die aus Initiativemangel nicht erledigt wird, liegen bleibt und sich anhäuft. Im günstigen Falle holen sie sich strukturierende Hilfe bei Kollegen, Freunden oder Bekannten.

Depressiv Strukturierte sprechen oft davon, dass ihre Arbeit sie »ausfüllen« soll. Diese Wortwahl weist auf einen generalisierten Wunsch hin, gesättigt zu werden. Depressiv Strukturierte ohne Arbeit fühlen sich oft »leer«. Aus diesem Leeregefühl heraus können sie nach Arbeitsanforderungen suchen. Sie möchten, dass ihnen jemand eine Aufgabe stellt. Wenn sie die bewältigen können, fühlen sie sich »ausgefüllt«.

Ich werde jetzt einige Beispiele für Konflikte aufzeigen, in die depressiv strukturierte Menschen in ihrem Arbeitsleben geraten können. Ein depressiv strukturierter Sozialarbeiter kann vertreten, dass seinen Klienten Hilfe zur Selbsthilfe gegeben werden soll. Diese Einstellung wurde ihm während seiner Ausbildung nahe gebracht. In der praktischen Arbeit fällt es ihm aber schwer, die Hilfe zu dosieren. Außerdem kann Hilfe zur Selbsthilfe dazu führen, dass der Klient selbstständig wird und den Sozialarbeiter nicht mehr braucht. Das impliziert eine Trennung, die depressiv Strukturierte fürchten. Im Umgang mit den Klienten dient ein großer Teil der Aktivitäten depressiv strukturierter Sozialarbeiter einer unmittelbaren Bedürfnisbefriedigung. Sie können oft nicht anders, auch wenn sie wissen, dass ihr Verhalten für den Klienten in naher oder fernerer Zukunft negative Folgen haben wird.

Depressiv strukturierte Krankenschwestern und Ärzte erlauben ihren Patienten Überschreitungen sinnvoller Verbote: Zum Beispiel drückt eine depressiv strukturierte Krankenschwester ein Auge zu, wenn Angehörige einem Patienten Lebensmittel mitbringen, die er nicht essen sollte.

Die orale Prägung depressiv Strukturierter zeigt sich nicht nur in Beziehungen mit Menschen. Das Lesen hat für sie oft eine orale Färbung. Eine depressiv Strukturierte kann sich in einem Buchladen wie im Schlaraffenland fühlen, kann aber auch denken: »Ich müsste alle diese Bücher (oder alle, die mein Fachgebiet betreffen) lesen.« Latente Gier bringt depressiv Strukturierte dazu, mehr Bücher zu kaufen, als sie je lesen könnten. Oft entsteht dann ein Berg von Büchern, den sie angstvoll betrachten. Diesen Berg empfinden sie als unstrukturierbare Masse, die sie zu erdrücken droht. Im günstigen Fall suchen und finden sie Strukturierungshelfer unter anderen Lesern, die sie beraten.

Depressiv strukturierte Forscher sammeln große Mengen von Daten an, mehr als sie bearbeiten können. Man spricht von so genannten »Datenfriedhöfen«. Bei Vorträgen überziehen sie oft die Zeit, denn sie überschätzen den »Hunger« des Auditoriums.

Der Leiter einer Institution, die mehrere Aufgaben hat, muss laufend entscheiden, wie die personellen und materiellen Ressourcen auf diese Funktionen verteilt werden sollen. So hat eine Universitätsklinik einen Versorgungsauftrag und einen Auftrag zu forschen. Depressiv strukturierte Chefs akzentuieren den Versorgungsauftrag. Von den Mitarbeitern verlangen sie, immer für ihre Patienten da zu sein und niemanden abzuweisen, der in der Ambulanz behandelt werden möchte. In den Bettenhäusern ist die Zahl der Betten ein limitierender Faktor, doch in den Ambulatorien können durch unbezahlte Verlängerungen der Arbeitszeit mehr Patienten behandelt werden. Ein depressiv strukturierter Chef verlangt das von den Mitarbeitern selbst dann, wenn es anderswo gute Behandlungsmöglichkeiten gäbe.

Die Zeit, die ein Assistent im Bereich der Forschung verbringt, dient in der Regel nicht den aktuellen, sondern zukünftigen Patienten. Da ein depressiv strukturierter Chef sich vorwiegend um die anwesenden Patienten kümmert, setzt er sich für die Forschung wenig ein. Darin verhält er sich spiegelbildlich zu einem schizoid strukturierten Chef, der die Forschung überbetont, auch wenn die Versorgung der Patienten darunter leidet und sie durch die Untersuchungen zu stark belastet werden.

An Universitätskliniken blicken depressiv strukturierte Ärzte auf Kollegen, die mehr publizieren als sie selbst, oft mit Verachtung. Ein Arzt, der so viel Wissenschaft betreibt, müsse doch die Versorgung der Patienten vernachlässigen. Dass der Inhalt der Publikationen für spätere Patienten wichtig sein kann, haben sie kaum im Blick.

In ihrer Privatpraxis sind depressiv strukturierte Chefärzte und niedergelassene Ärzte mit den Honorarforderungen oft sehr zurückhaltend. Sie verlangen ungern Geld von ihren Patienten und vergessen häufig, alle durchgeführten Leistungen aufzuschreiben. Rechnungen schreibt meist eine Helferin, die ihren Chef davon entlastet, etwas fordern zu müssen. Die Helferin erhält dem Chef die Illusion, die Patienten nur um ihrer selbst willen zu behandeln. Depressiv strukturierte Ärzte geben den Patienten oft zu verstehen, dass sie am Honorar eigentlich nicht interessiert sind. Rechnungen schreibe die Sekretärin. Eine Vereinbarung, dass die Sekretärin einen bestimmten Prozentsatz des Rechnungsbetrages erhält, kann den depressiv strukturierten Arzt entlasten. Die Sekretärin hat dann ja ihr eigenes Motiv, die Rechnungen zu schreiben. Wenn er nichts bekommt, bekommt sie auch nichts.

Beziehungen sind für depressiv Strukturierte das Wichtigste. Sie müssen erhalten werden. Psychotherapeuten mit einem hohen depressiven Strukturanteil werben oft explizit oder implizit bei Patientinnen und Patienten dafür, eine Partnerbeziehung auch dann fortzusetzen, wenn andere Therapeuten längst zu dem Schluss gekommen wären, dass es für beide Partner besser wäre, sich zu trennen. Oft fühlen sie sich zu sehr als Anwälte der aktuellen Patienten. In den Auseinandersetzungen mit wichtigen Beziehungspersonen unterstützen sie ihre Patienten und finden Argumente für sie, auch wenn es für die Beziehung besser wäre, wenn die Interessen der Beziehungspersonen ebenfalls Berücksichtigung fänden.

Es fällt einem depressiv strukturierten Chef schwer, jemandem etwas abzuschlagen: In fast allen Betrieben gibt es z. B. eine Konkurrenz um die Urlaubszeiten. Da nicht alle Mitarbeiter gleichzeitig in Urlaub fahren können, es sei denn, der Betrieb macht Betriebsferien, ist es Aufgabe eines Vorgesetzten, im Konfliktfall zu entscheiden, wer wann fahren kann. Lässt ein Chef zu viele Mitarbeiter gleichzeitig in Urlaub fahren, bleibt Arbeit liegen oder die anwesenden Mitarbeiter werden überlastet. Die Bewilligung oder Ablehnung des Urlaubs findet im Jetzt statt, die Folgen kommen erst später und werden erst einmal aus den Augen verloren.

Depressiv Strukturierte überlasten sich auch deshalb leicht, weil es ihnen schwerfällt, Arbeit zu delegieren. Dieses Problem teilen sie mit zwanghaft Strukturierten, die Ursachen sind aber verschieden. Zwanghaft Strukturierte können Arbeit deshalb schwer delegieren, weil sie meinen, dass sie die Arbeit besser machen können als andere, die dafür infrage kommen, und sie diese Arbeit deshalb machen müssen. Depressiv Strukturierte wollen niemandem zumuten, eine Arbeit für sie zu tun, wenn sie meinen, die Arbeit noch schaffen zu können. Depressiv Strukturierte erzählen von ihrer vielen Arbeit klagend, aber mit heimlichem Stolz. Wenn sie viel arbeiten, tun sie in jedem Fall etwas Gutes und es weist auch darauf hin, dass sie gebraucht werden.

Im Zentrum des Erlebens und Handelns eines Menschen mit einer *zwanghaften Struktur* steht ein Kontrollbedürfnis. Er hat Angst vor eigenem Willkürhandeln. Abgewehrtes inneres Chaos projiziert er in seine Umgebung und bekämpfte es dort. Seine Angst vor Chaos dominiert sein Arbeitsverhalten.

Was miteinander in Berührung kommt, kann miteinander in Konflikt geraten. Um das zu verhindern, setzt der Zwanghafte den Abwehrmechanismus »Isolierung aus dem Zusammenhang« ein. So trennt er Handlungsimpulse von ihren Motiven. Handlungsimpulse können so ohne den Motivationszusammenhang bewusst werden, bei Zwangsneurosen in so genannten Zwangsgedanken, die meist aggressive oder sexuelle Inhalte haben.

Der zwanghaft Strukturierte traut sich selbst nicht: Er könnte einen Fehler gemacht haben, und im Falle der Zwangsneurose bringt ihn das dazu, Kontrollrituale auszuführen. Er kontrolliert eine Berechnung mehrmals und ist sich dann immer noch nicht sicher, richtig gerechnet zu haben. Diese Unsicherheit hängt auch mit dem Einsatz des schon erwähnten Abwehrmechanismus »Isolierung aus dem Zusammenhang« zusammen. Seinem Handeln fehlt erlebte Kontinuität. Er muss quasi immer wieder von Neuem anfangen. Daraus resultiert, dass er für die Erledigung einer Arbeitsaufgabe mehr Zeit braucht als andere. Das bringt ihn in interpersonelle Konflikte mit Vorgesetzen und Arbeitskollegen. In solchen Auseinandersetzungen fühlt er sich oft im Recht: Er ist eben genauer als andere.

Im Umgang mit seiner Arbeit strebt der zwanghaft Strukturierte nach Systematik, Ordnung und Vollständigkeit. Um vollständige Kontrolle zu erreichen, möchte er alles berücksichtigen. Es werden viele Details erfasst, wegen der Isolierung aus dem Zusammenhang die Zusammenhänge aber nicht oder nur teilweise bedacht. Man sagt, dass jemand den Wald vor lauter Bäumen nicht sieht.

Kann keine mit Sicherheit richtige Entscheidung getroffen werden, schieben Zwanghafte Entscheidungen hinaus. Der Schaden, der durch die Verzögerung entsteht, ist oft größer als ein Schaden, den eine suboptimale Entscheidung verursacht hätte. Auch das führt zu interpersonellen Konflikten.

Die Schwierigkeiten beim Unterscheiden zwischen Wesentlichem und Unwesentlichem führen bei zwanghaften Studenten dazu, dass sie Angst vor dicken Lehrbüchern haben. Sie lernen aus Kompendien, die aus Informationen bestehen, deren Auswahl durch eine Autorität, nämlich dem Verfasser, meist einem Universitätslehrer, getroffen wurde und dadurch legitimiert ist. Aus einem dicken Buch könnte der zwanghafte Student schwer auswählen, was er sich merken soll.

Seine Tendenz zu zweifeln überrennt der Zwanghafte oft durch einen apodiktischen Stil des Urteilens. Dass etwas positive und negative Aspekte zugleich haben kann, fällt ihm schwer zu akzeptieren und auszuhalten. Mit solchen Beurteilungen stößt er bei Anderen auf Widerstand.

Es gibt Berufe, bei denen es zentral darauf ankommt, Ordnung oder Sauberkeit herzustellen oder zu erhalten. Doch auch da gibt es Übergänge: Wann ist etwas sauber und wann nicht? In der Werbung hört man von Unterscheidungen zwischen »sauber« und »rein«. Wie viel Unsauberkeit kann noch toleriert werden? Solche Fragen können einen zwanghaften Menschen stark beschäftigen, wenn er Sauberkeit herstellen oder das Herstellen von Sauberkeit überwachen muss, etwa als Zimmermädchen oder als Hausdame in einem Hotel.

Zwanghaft Strukturierte möchten gute Arbeit leisten – und zwar gute Arbeit nach ihren eigenen Maßstäben. Kompromisse können sie bezüglich der Qualität ihrer Arbeit nicht gut eingehen. In manchen Bereichen wirkt sich das positiv aus, in anderen nicht.

Im zwischenmenschlichen Umgang neigt der Zwanghafte dazu, zu dominieren oder sich unterzuordnen. Eine Kooperation auf gleicher Ebene fällt ihm schwer. Es soll klar sein, wer bestimmt, was zu tun und was zu lassen ist.

Als Chef ist der zwanghaft Strukturierte Neuerungen gegenüber skeptisch: »Man weiß ja nie, was sich daraus entwickeln könnte.« Für ihn gilt die Maxime, dass das Bessere Feind des Guten sei in der Weise, dass Neuerungen mit dem Ziel der Verbesserung abgewehrt werden sollten, damit das Gute erhalten bleibt. Neuerer versucht er kaltzustellen. Andererseits kann er Spaß an skurrilen oder ausgeflippten Typen haben, die Willkür auf eine harmlose Weise ausleben. Die hält er sich gelegentlich als eine Art Hofnarren. Das erinnert daran, dass der Zwanghafte in seiner Wohnung oft eine Schublade oder einen Schrank hat, wo es chaotisch aussieht, sodass sich in diesem abschließbaren Raum die unbewusste Tendenz des Zwanghaften manifestiert, Chaos zu erzeugen, während er Chaos bewusst bekämpft.

Die Tendenz zu konservativen Ansichten und Verhaltensweisen – alles, was sich verändert, alles, was neu beginnt, kann im Chaos enden – bremst den Fortschritt in einem Betrieb, der von einem zwanghaften Chef geleitet wird. Die Produktivität einer von einem Zwanghaften geleiteten wissenschaftlichen Institution kann unter der Übervorsicht des Zwanghaften besonders stark leiden. Es kommt nichts wirklich Neues heraus, es kommen nur Ergänzungen des Bekannten. Andererseits sind die Ergebnisse zuverlässig und gesichert.

Extrem Zwanghafte kommen wegen der Arbeitsstörungen, die ihre Produktivität einschränken, selten in leitende Positionen. In den unteren Chargen sind sie oft überrepräsentiert, was man besonders gut bei Verwaltungsbeamten beobachten kann. Solange sie sich den Anweisungen von oben nicht durch Vergessen oder Verbummeln entziehen, können zwanghafte Beamte der unteren Chargen nützliche Mitarbeiter sein. Probleme entstehen dann, wenn sie auf eine Hierarchiestufe befördert werden, wo der Ermessensspielraum größer ist.

Der *phobisch strukturierte Mitarbeiter* überlässt es anderen, darauf zu achten, dass er selbst nichts Willkürliches tut. Er schließt sich Schutzpersonen oder, wie ich es genannt habe, äußeren steuernden

Objekten (König 1981) an. Ohne solche Schutzpersonen machen ihm eigene Handlungsimpulse Angst. Der Impuls selbst bleibt in der Abwehrschranke stecken, die Angst ist mehr oder weniger deutlich bewusst. Im Unterschied zum Depressiven *spürt* der phobisch Strukturierte seine Handlungsimpulse aber nicht direkt, sondern in Form der durch ihn ausgelösten Angst. Phobisch Strukturierte handeln dann nicht. Von außen betrachtet ist das Ergebnis das gleiche wie bei einem Menschen mit einer depressiven Struktur. Manche phobisch Strukturierte sprechen im Zusammenhang mit ihren Handlungsdefiziten von einer Depression, womit Laien ja oft jede Emotion und jede Befindlichkeit bezeichnen, die sie als störend empfinden und die sie sich nicht erklären können. Manchmal beschreiben phobisch Strukturierte auch nur ein diffuses Gefühl des Unbehagens, das auftritt, wenn sie Gelegenheit hätten zu handeln oder wenn ein Handeln von ihnen erwartet wird.

Im Kern befürchtet ein phobisch strukturierter Mensch, dass er sich sozial inadäquat verhalten könnte. Dieser Mangel an interpersonell gerichtetem Selbstvertrauen entsteht daraus, dass ihm schon als Kind zu wenig Raum für eigenes Tun gelassen wurde oder dass er als Kind – im Gegenteil – in seiner Selbstständigkeit überfordert wurde (König 1981). Beides führt dazu, dass phobisch strukturierte Menschen zu wenige Erfahrungen machen und auch später nicht durch Probieren lernen mögen. Dass ihnen infolge mangelnder Erfahrungen Kompetenzen fehlen, schränkt ihr Selbstvertrauen weiter ein. In der Regel trauen sie sich aber weniger zu als sie können.

Phobisch strukturierte Menschen lassen sich deshalb gerne leiten, auch wenn sie latent dagegen protestieren möchten. Harmonie in der Beziehung zum steuernden Objekt herzustellen haben sie oft ein Leben lang trainiert. Ein Protest gegen die mit der Beziehung zum steuernden Objekt verbundene Abhängigkeit kommt oft erst während einer Therapie an die Oberfläche.

Phobisch strukturierte Menschen können in Anwesenheit eines

steuernden Objekts gut arbeiten, wenn es ihnen gelungen ist, die für eine Arbeit benötigten Kompetenzen zu erwerben. Das geschieht am besten innerhalb eines festen Rahmens, der den Lernstoff vorschreibt und ein schrittweises Lernen propagiert, das sich an Autoritäten orientieren soll und regelmäßig überprüft wird. Fachhochschulen, zunehmend auch die Universitäten mit ihren Bachelor-Studiengängen bieten einen solchen Rahmen.

Bei manchen phobisch Strukturierten genügt es, wenn sie einer steuernden Person von Zeit zu Zeit über ihre Aktivitäten berichten, wie das in Therapien geschieht. In einer Therapie kann es allerdings dazu führen, dass die Fortschritte überschätzt werden. Die Symptomatik tritt dann nach Beendigung der Therapie wieder auf, wenn der Therapeut als steuerndes Objekt nicht mehr zur Verfügung steht.

Phobisch strukturierte Personen sind meist gute Zweite. Als Erste können sie dann gut arbeiten, wenn sie ein Beraterteam um sich scharen. Dann kommen ihre phobischen Handlungsängste nur zum Tragen, wenn Entscheidungen rasch getroffen werden müssen und keine Zeit bleibt, sich beraten zu lassen.

Dass phobisch Strukturierte meist gelernt haben, Beziehungen harmonisch zu gestalten, kann sie zu guten Vermittlern machen. Negativ wirkt es sich dabei aus, dass Konflikte, die geklärt und ausgetragen werden müssten, von ihnen beiseite geschoben oder unter den Teppich gekehrt werden. Kommen Konflikte doch zum Ausbruch, holen sie sich meist Rat von außerhalb. Manchmal werden professionelle Berater engagiert. Phobisch Strukturierte haben weniger als zwanghaft Strukturierte die Tendenz, selbst »Ordnung schaffen« zu wollen.

Nachwuchskräfte können sich unter der Leitung eines phobisch strukturierten Chefs meist gut entwickeln, wenn er sich selbst in der Position eines steuernden Objekts sieht und sie fördert. Er hat auch die Tendenz, sich beraten zu lassen, selbst von Leuten, die jünger sind als er, weil er nicht wie ein zwanghafter Chef fürchtet, durch

Berater dominiert zu werden. Phobisch strukturierte Mitarbeiter nehmen sich gern einen Chef zum steuernden Objekt. Das kann zu Überforderungen führen, wenn ihre Abhängigkeit vom Chef sie daran hindert, gegen unrealistische Anforderungen zu protestieren.

Kontraphobische Chefs erwarten von ihren jungen Mitarbeitern oft zu früh ein selbstständiges Verhalten, ehe diese dazu in der Lage sind. Anleitung geben sie zu wenig. Im Unterschied zum phobisch strukturierten Chef wollen sie sich von ihren Mitarbeitern unabhängig fühlen, Unabhängigkeit verlangen sie auch von ihnen. Zur Entwicklung einer kontraphobischen Struktur kommt es meist dann, wenn Angst als kränkend erlebt wird. Man kann sagen, dass es sich um eine überkompensierende Struktur handelt. Oft werden Situationen, die Angst machen, sogar aufgesucht. In diesem Zusammenhang zitiere ich gern das Beispiel eines Nachtwächters mit Dunkelangst. Es wird ein Beruf gewählt, der dauernd mit gefürchteten Situationen konfrontiert. Der Nachtwächter, an den ich denke, wurde allerdings bei seinen Rundgängen von einem Schäferhund begleitet, der ihm vermutlich auch als steuerndes Objekt diente.

Dass sie bewundert werden möchten, darin gleichen *hysterische Menschen vom phallisch-narzisstischen Typ* den nur narzisstischen. Die Bewunderung, die erwartet wird, konzentriert sich bei Menschen mit einer solchen Struktur auf die Geschlechtseigenschaften. Im Arbeitsbereich können sich Nachteile ergeben, wenn andere Aspekte vernachlässigt werden, etwa Kompetenzen, die weder als spezifisch männlich noch als spezifisch weiblich gelten. Phallisch-narzisstische Männer entsprechen nicht den heutigen Vorstellungen von einem »modernen Mann«, zu dessen Persönlichkeit auch Eigenschaften gehören, die man im klassischen Verständnis eher den Frauen zuordnete. Andererseits beinhaltet die Identifizierung einer Frau mit der klassischen weiblichen Rolle eine Teilung von Aufgaben in männliche und weibliche, die heute, wo viele Frauen außer Haus arbeiten, Aufgaben beider Geschlechter geworden sind; entsprechend wird auch von Männern die Übernahme häuslicher Arbeiten erwartet, die früher fast ausschließlich von den Frauen bewältigt wurden.

Im Arbeitsbereich ist es nicht immer möglich, Arbeit in »mehr männliche« und »mehr weibliche« Tätigkeiten aufzuteilen. Phallisch-narzisstisch strukturierte Männer und Frauen betonen dann dysfunktional den »männlichen« oder »weiblichen« Anteil der Arbeit zu Ungunsten »gegengeschlechtlicher« Anteile. So kann ein phallisch strukturierter Mann das Kompromisse-Schließen als weibliche Unterwerfung empfinden, ein Kompromiss kastriert ihn gewissermaßen. Männlich identifizierte phallisch-narzisstische Frauen empfinden oft ähnlich. Phallisch-narzisstische Frauen, die mit dem klassischen Frauenbild identifiziert sind, erweisen sich in Verhandlungen oft als zu nachgiebig. Ein Verhalten, das deutlicher für die eigenen Interessen eintritt, können sie als unweiblich empfinden. In leitenden Positionen beschränken sie sich gern auf die Rolle einer Moderatorin, was in vielen Situationen ein geeigneter Führungsstil ist, in anderen nicht.

Hysterisch strukturierte Menschen vom ödipalen Typ haben oft viele neue Ideen. Als Chef, zum Beispiel in der Rolle des Doktorvaters, können sie diese Ideen von anderen ausführen lassen. Sie selbst bringen selten etwas zu Ende. Da jemand, der Doktorarbeiten vergibt, eine angefertigt haben und darüber hinaus weitere Publikationen vorgelegt haben muss, finden sich im Universitätsbereich stark hysterisch Strukturierte selten in leitenden Positionen, die ihnen ermöglichen würden, ihre Ideen von anderen ausführen zu lassen. Kombiniert sich eine hysterische Struktur aber mit einem zwanghaften Strukturanteil, kann der die Nachteile einer hysterischen Struktur vom ödipalen Typ kompensieren. Tatsächlich findet man unter erfolgreichen Menschen in vielen Berufen nicht selten solche mit einer Kombination von hysterischem und zwanghaftem Strukturanteil. Entsprechendes kann sich interpersonell darstellen: Ein hysterisch strukturierter Chef kann sich einen Mitarbeiter suchen, der Ordnung in seine Projekte bringt.

Hysterisch strukturierte Männer und Frauen vom ödipalen Typ werden aber auch durch Berufe angezogen, in denen man scheinbar durch wenig Arbeit große Wirkungen erzielt. Oft stellt sich im gewählten Beruf aber heraus, dass mehr Arbeit und Durchhaltevermögen nötig sind, als es zunächst schien. Man denke an den Beruf des Fotografen, der scheinbar nur auf einen Auslöser drückt und damit ein Bild macht. In der professionellen Fotografie muss mehr getan werden. Viele Bilder müssen aufgenommen werden, die besten müssen ausgewählt und oft nachbearbeitet werden. Die meisten hysterisch Strukturierten vom ödipalen Typ streben nach Berufen, wo sie viel mit immer neuen Menschen zu tun haben, wie in vielen Dienstleistungsberufen, etwa als Frisörin oder in der Rezeption eines Hotels.

Während der schizoid Strukturierte Detailarbeiten nicht gerne verrichtet, weil er an Details nicht interessiert ist, scheut ein hysterisch strukturierter Mensch das Wiederholen, das in einer Beschäftigung mit Details liegt. Er möchte dann lieber zu etwas Neuem übergehen. Dem hysterisch strukturierten Menschen liegt es auch nicht, Vorgänge, die sich wiederholen, so zu optimieren, dass weniger Arbeitszeit nötig wäre. Gehasste Routinearbeit möchte er rasch hinter sich bringen. Er arbeitet schnell, statt die Arbeitsvorgänge im Einzelnen zu betrachten und sie zweckmäßiger zu gestalten. Es gibt aber auch Ausnahmen, so bei vielen Schauspielern, die eine Szene auch dann weiter optimieren möchten, wenn der Regisseur schon zufrieden ist. Hier dürfte eine Rolle spielen, dass es in gewisser Weise um eine Form der Selbstdarstellung geht.

Hysterisch strukturierte Chefs vom ödipalen Typ werden stärker als andere durch persönliche Beziehungen und individuelle Sympathien und Antipathien bestimmt. Deshalb wirken sie oft ungerecht.

Sie achten zu wenig auf die Arbeitsergebnisse und zu viel darauf, wie ihnen der Mitarbeiter als Person gefällt. Sie schüren Konkurrenzkämpfe zwischen den Mitarbeitern, was ihnen Spaß macht: Die Konkurrenz soll am besten um die Gunst des Chefs gehen.

Hysterisch strukturierte Chefs vom ödipalen Typ machen oft zwanghafte Mitarbeiter zu ihren Beratern und Assistenten, was die Nachteile der hysterischen Struktur ausgleichen kann; ähnlich wie wenn sich eine hysterische und eine zwanghafte Struktur in einer Person kombinieren.

Hysterisch strukturierten Menschen vom ödipalen Typ können einen »ödipalen Triumph« erlebt haben. Sie suchen durch Charme zu erreichen, was sie nur durch Arbeit erreichen könnten.

Übertragungen am Arbeitsplatz

Zu einer Persönlichkeit gehören auch ihre unbewussten Übertragungsdispositionen. Erfahrungen, die jemand mit wichtigen Personen während seiner Kindheit gemacht hat, kann er auf Menschen übertragen, die er neu kennenlernt. In der inneren Welt eines jeden Menschen gibt es Spuren von Erinnerungen an frühere Erfahrungen mit Menschen in Form von so genannten inneren Objektbildern (Objektimagines), auf die zurückgegriffen werden kann. Ohne solche Objektbilder, die in der inneren Welt in spezifischen Beziehungen zum Selbst stehen, so dass diese Beziehung mit abgebildet ist, gäbe es keine Menschenkenntnis. Es gibt Objektbilder, die repräsentieren, wie das Objekt tatsächlich erlebt wurde; fragmentarische Objektbilder, in denen die früheren Erinnerungen nur lückenhaft vorhanden sind, und ideale Objektbilder, die das repräsentieren, was in Beziehungen gefehlt hat. Sie sind Produkte einer Phantasie vom idealen Objekt, das den eigenen Wünschen entspricht.

Natürlich passen die inneren Objektbilder fast nie genau auf Menschen, die man neu kennenlernt. Das gilt besonders für die idealen Objekte. Übertragung beinhaltet ein Verkennungspotenzial. Manchmal können die Verkennungen erheblich sein, manchmal sind sie geringfügig. Welche inneren Objektbilder übertragen werden, hängt davon ab, welche Merkmale der Mensch, den man neu kennenlernt, aufweist und welche dieser Merkmale er mit einem inneren Objektbild teilt. Man spricht von Übertragungsauslösern. Dazu gehören nicht nur Merkmale der Person, sondern auch Merkmale des Kontextes, in dem man die Person kennenlernt; es kommt darauf an, in welcher Situation man sich befindet, in welcher Situation der neu kennengelernte Mensch sich befindet und welcher Art die aktuell entstandene Beziehung ist.

Handwerksmeister sehen sich den jungen Lehrlingen gegenüber oft in einer Vaterrolle. Auch unter den Industriellen, man denke an Robert Bosch, sahen sich manche in einer solchen Rolle. Heute gibt es in der Industrie, im Handwerk und im kaufmännischen Bereich erhebliche Unterschiede in Bezug darauf, wie Besitzer und leitende Angestellte ihre Rolle auffassen. Überall kann man aber beobachten, dass Beziehungswünsche, die ursprünglich aus den Familien stammen, in die Betriebe mitgenommen werden. Manche diese Wünsche sind illusionär, andere können erfüllt werden.

Betriebe mit wenigen Angestellten oder kleinere Abteilungen in einem Großbetrieb bieten oft starke Auslöser für Übertragungen von Beziehungswünschen, die aus der Ursprungsfamilie stammen. Arbeiten viele Menschen in gleicher oder ähnlicher Weise an einer Aufgabe, können sich Untergruppen bilden. Dann gibt es oft Elternfiguren in der Untergruppe *und* in den höheren Etagen der Hierarchie, wobei an die verschiedenen Elternfiguren unterschiedliche Erwartungen gerichtet werden und sie unterschiedliche Befürchtungen auslösen. Unterschiedliche Aspekte einer früheren Beziehung können bei verschiedenen Personen untergebracht werden.

Von einem Vater und auch von einem Chef wird oft gewünscht, dass er sich in der Familie tolerant verhält, die Familie aber nach außen hin verteidigt. Von einem Mann als Chef wird eine versorgende Einstellung weniger erwartet als von einer Frau als Chefin. Eine Chefin kann leicht in die Rolle einer allein erziehenden Mutter kommen, die auch den Vater ersetzen soll. Einerseits soll sie fürsorglich sein und sich um die Mitarbeiter persönlich kümmern, andererseits soll sie Ordnung halten und bei Bedarf ein Machtwort sprechen. Meist wird bei einer Chefin entweder das Mütterliche oder das Väterliche vermisst.

Mit einer Übertragung ist verbunden, dass eine Person, auf die ein bestimmtes Objekt übertragen wird, ein bestimmtes Verhalten an den Tag legt. So kann es zu einer komplementären Beziehung kommen. Depressiv Strukturierte übertragen häufig versorgende Objekte: Dann wird auch Versorgung erwartet. Zum versorgenden Objekt stellt sich der Übertragende komplementär ein. Jemand mit einer phobischen Struktur überträgt oft ein steuerndes Elternobjekt und erwartet von der betreffenden Person, dass sie steuernde Funktionen übernimmt.

Dass ein Erwachsener von einem anderen Erwachsenen die Übernahme von Elternfunktionen erwartet, ist oft nicht auf den ersten Blick erkennbar. Überträgt ein depressiv Strukturierter auf eine Frau ein ideales Objekt im Sinne einer Säuglingsmutter, erwartet er nicht, dass er an ihrer Brust trinken kann. Er erwartet Versorgung in einer erwachsenen Form. Die aus der Kindheit stammenden Erwartungen werden ins Erwachsene übersetzt.

Funktionslust

Transkulturell betrachtet gleichen sich die meisten Vorstellungen vom Paradies darin, dass dort nicht gearbeitet wird. In der *Bibel* wird darauf hingewiesen, dass Adam und Eva ihr Brot nach der Vertreibung aus dem Paradies »im Schweiße ihres Angesichts« erarbeiten müssten. Die Oberschicht in fast allen Völkern betätigt sich körperlich, nicht im Sinne von nützlicher Arbeit, sondern im Sinne von Freizeitbeschäftigung oder Sport. Die Jagd diente in der Menschheitsgeschichte lange dem Lebensunterhalt, und heute noch werden die erlegten Tiere gegessen, sie wurde und wird aber von der Oberschicht als Freizeitbeschäftigung aufgefasst. In Krisenzeiten wurden Arbeiten, die sonst eher der Unterschicht zugeordnet werden, von Angehörigen der Oberschicht getan. Im Ersten Weltkrieg waren Frauen des Adels als Pflegerinnen in Krankenhäusern tätig, wo Kriegsverletzte betreut wurden. Die spätere englische Königin fuhr im Zweiten Weltkrieg Lastautos.

Funktionslust spielt bei vielen wissenschaftlichen Betätigungen eine entscheidende Rolle. Ob jemand Funktionslust empfindet und bei welchen Betätigungen, hängt unter anderem von der Charakterstruktur ab. Dass Arbeit aus Funktionslust getan werden kann, ist keine sehr verbreitete Vorstellung. Auch in der Psychoanalyse erschien der Begriff Funktionslust spät und hat sich wenig durchgesetzt.

Schizoid strukturierte Menschen haben wenig Interesse an körperlicher Betätigung. Da sie der äußeren Realität weniger zugewandt sind und sie zu anderen Menschen eine größere Distanz einhalten als andere, bewirkt, dass sie sich mehr mit Denken beschäftigen als mit Handeln, was bei entsprechender Begabung Fähigkeiten im abstrakten Denken generiert: Denken kann ihnen Spaß machen.

Narzisstisch Strukturierte achten sehr darauf, welches Prestige ihnen eine Arbeit verschaffen kann. So wählt ein Wissenschaftler Themen, die er bearbeiten will, nach dem Prestige aus, das sie versprechen. Funktionslust steht an zweiter Stelle. Je mehr ein narzisstisch Strukturierter für das, was er tut, begabt ist, desto höher kann die Funktionslust sein. Im günstigen Fall verbinden sich Funktionslust und Freude am Erfolg.

Menschen mit einer *depressiven Struktur* empfinden meist wenig Funktionslust. Wegen schlechter Erfahrungen bei oralen Betätigungen wird die Initiative in diesem Bereich gehemmt, was sich generalisierend auf jede Art von Initiative ausdehnt. Depressiv Strukturierte arbeiten, um ihren Lebensunterhalt zu verdienen und anderen zu nützen oder weil das Über-Ich ihnen das befiehlt. Sie haben aber keine Lust an der Arbeit, weil sie Arbeit in der Regel unter einem inneren Zwang verrichten. Das Schlaraffenland ist eine Paradiesvorstellung, die gut zu depressiv Strukturierten passt: Die gebratenen Tauben fliegen einem in den Mund, man braucht nichts zu tun.

Menschen mit einer *zwanghaften Struktur* können Freude am Produzieren haben. Bei der Arbeit kommt es ihnen auf die Ergebnisse an. Beim Antizipieren der Ergebnisse empfinden sie Freude. Es ist wichtig, was herauskommt. Man denke an den oft zitierten Satz von Helmut Kohl: »Wichtig ist, was hinten herauskommt.« Die Angst, Fehler zu machen, vergällt aber oft die Freude am Arbeiten. Die Angst vor Fehlern hemmt die Arbeitsproduktivität, das Gewünschte kommt nicht heraus. Die Produkte sollten neue bleiben und nicht benutzt und dabei abgenutzt oder verschmutzt werden. Der Verwalter eines psychotherapeutisch tätigen Krankenhauses, wo ich Supervision machte, sagte mir einmal, nachdem dort ein Gebäude mit einer Cafeteria und einer Kegelbahn für die Patienten gebaut worden war: »Und jetzt das Ganze zusperren!«

Phobisch Strukturierte können Funktionslust empfinden, wenn sie mit einem steuernden Objekt in Verbindung stehen. Fehlt ein steuerndes Objekt, kann jede Art von Tätigkeit mit Angst verbunden sein. Funktionslust wird dann nicht empfunden.

Menschen mit einer *kontraphobischen Struktur* suchen die Herausforderung riskanter Unternehmungen. Was sie dann tun, kann Funktionslust bei ihnen erzeugen. Eindrucksvolle Misserfolge können veranlassen, dass sie in den durch die kontraphobische Struktur verdeckten phobische Strukturanteil zurückfallen und dann besonders ängstlich sind. Damit verlieren sie die Möglichkeit, Funktionslust ohne ein steuerndes Objekt zu empfinden.

Menschen mit einer *phallisch-narzisstischen Struktur* empfinden Funktionslust am ehesten bei Tätigkeiten, die dazu dienen, ihre Geschlechtseigenschaften zu demonstrieren. Bei solchen Betätigungen erreichen sie, weil sie sich darauf konzentrieren, oft eine hohe Kompetenz. Misserfolge können sie dazu bringen, eine bestimmte Art von Tätigkeit zu vermeiden. Wenn sie, von außen her veranlasst, dass Vermiedene dennoch tun, ist die Funktionslust von Angst überlagert und wird wenig oder gar nicht empfunden.

Menschen mit einer *hysterischen Struktur vom ödipalen Typ* kultivieren ihre Selbstpräsentation, nicht nur was die Geschlechtseigenschaften angeht, sondern auch in anderen Bereichen. Sie wollen als Partner attraktiv sein und entwickeln Fähigkeiten, die in diesem Zusammenhang gefragt sind. Haben sie damit Misserfolge, probieren sie etwas anderes. Da sie nicht mit der gleichen Ausschließlichkeit wie die phallisch-narzisstisch Strukturierten auf die Geschlechtseigenschaften konzentriert sind, bleiben ihnen mehr Möglichkeiten. Von außen betrachtet können sie chamäleonartig wirken. Sie passen sich den Bedürfnissen und Interessen der Umwelt an. Manchmal ist der Wechsel ihrer Interessen auch dadurch bedingt, dass sie früher als andere ein Interesse an bestimmten Tätigkeiten verlieren, wenn sie nicht mehr neu für sie sind. Häufiger Wechsel der Interessen hängt bei ihnen nicht nur damit zusammen, dass wichtige Personen beeindruckt werden sollen, sondern auch damit, dass hysterisch Strukturierte vom ödipalen Typ die Begeisterungsfähigkeit von Kindern im vierten oder fünften Lebensjahr ein Stück weit behalten haben. Aus jener Zeit behalten sie nicht nur die Inszenierung ödipaler Dreiecke, sie behalten auch die damalige Begeisterungsfähigkeit, gepaart mit einem Mangel an Durchhaltevermögen, das sich während der Latenzphase entwickelt und wenig ausgebildet wurde, weil sie noch in ödipalen Konflikten befangen waren. Deshalb können sie sich heute für eine Tätigkeit begeistern und sie morgen schon wieder aufgeben.

Kommunikationsstile

Wie Menschen miteinander sprechen, hängt unter anderem von der Situation ab, in der sie sich befinden. Im Beruf spricht man anders miteinander als im Privaten. Es wird meist erwartet, dass bestimmte Rollen eingenommen werden. Ein Chef stellt andere Fragen als ein Untergebener. Der Chef fragt zum Beispiel, ob eine Instruktion verstanden wurde und ob dazu Fragen sind. Der Untergebene stellt dann Fragen der Art, wie der Chef sie erwartet. Er fragt vielleicht, wie viel Zeit ihm gegeben wird, um eine bestimmte Aufgabe zu erledigen und welche personellen Mittel oder Sachmittel eingesetzt werden können. Das Gespräch ist von vorneherein asymmetrisch strukturiert. Während eines Betriebsausflugs kann ein Teil dieser Asymmetrie aufgegeben werden. Man versucht, sich auf gleicher Ebene zu unterhalten, was viele Menschen schwierig finden. Auf dem Betriebsausflug herrscht eine Ausnahmesituation, in der aber nicht aufgehoben ist, dass der Chef der Chef ist und der Untergebene der Untergebene. Diese kombinierte Situation schafft Unsicherheit, oft auf beiden Seiten.

Im Berufsleben werden Unterschiede in der hierarchischen Stellung unterschiedlich stark betont. Wenn man vom Chef spricht, benutzt man als Untergebener meist das Wort »Chef«. Der Chef spricht aber von seinen »Mitarbeitern«, eine Bezeichnung, die scheinbar offen lässt, in welcher hierarchischen Beziehung man miteinander steht. Tatsächlich sind Untergebene gemeint. Von Leuten auf gleicher Ebene spricht der Chef als »Kollegen«.

Natürlich spielt auch das Geschlecht eine Rolle. In Betrieben wird heute meist gewünscht, dass vom Geschlecht abgesehen werden soll. In der Art des Umgangs passen sich Frauen eher den Männern an als Männer den Frauen. Frauen verhalten sich also »männlicher«, als wenn sie zusammen mit Frauen arbeiten würden. Auch hört man immer wieder, dass die vorgegebene Regel, die verlangt, das man vom Geschlecht des Gesprächspartners absehen soll, durchbrochen wird, etwa durch anzügliche Bemerkungen oder Witze sexuellen Inhalts, die von Männern erzählt werden. Frauen, die mit Männern zusammenarbeiten, machen selten oder nie solche Witze. Dagegen kommen sexuelle Witze vor, wenn Frauen mit Frauen umgehen, ohne dass Männer anwesend sind.

Da Frauen, die mit Frauen umgehen, meist mehr und schneller sprechen, als wenn sie mit Männern umgehen, müssen sie, wenn sie sich dem Kommunikationsstil der Männer anpassen wollen, weniger und vielleicht auch langsamer sprechen. Das tun sie meist, wenn die Männer in der Überzahl sind oder in der Hierarchie eine höhere Position innehaben. Sind umgekehrt Frauen in der Überzahl, bestimmen sie den Gesprächsstil stärker. Wollten sich die Männer anpassen, müssten sie mehr und schneller sprechen. Das fällt ihnen in der Regel schwerer als es den Frauen fällt, weniger und langsamer zu sprechen. Männer haben mir berichtet, dass sie sich in einer solchen Situation ausgesprochen unwohl fühlen.

Natürlich spielt das Alter eine wesentliche Rolle. Männer gehen mit Frauen bis etwa zum 50. Lebensjahr anders um als mit älteren Frauen. Das hängt mit sexueller Attraktivität zusammen. Rein biologisch macht es keinen Sinn, wenn ein Mann sich von einer Frau jenseits ihrer fruchtbaren Lebenszeit sexuell angezogen fühlt. Entsprechend der länger dauernden Fortpflanzungszeit variiert der Umgang von Frauen mit Männern weniger mit deren Lebensalter.

Alte Menschen haben in verschiedenen Ländern unterschiedlichen Status. Das differiert auch innerhalb Europas: Zum Beispiel werden in England alte Menschen auch heute noch positiver gesehen und man geht respektvoller mit ihnen um, als dies in Mitteleuropa der Fall ist. Welches Alter was bedeutet, ändert sich auch im Laufe der Geschichte: »Trau keinem über dreißig« war das Motto in den sechziger und siebziger Jahren des vorigen Jahrhunderts. Alte haben beim gegenseitigen Sich-Verstehen vor den Jungen den Vorteil, dass sie einmal jung waren, während die Jungen nie alt waren.

Der Kommunikationsstil eines jeden Menschen hängt aber auch wesentlich von seiner Charakterstruktur ab: *Schizoid Strukturierte* sprechen selten viel. Mit Menschen, die sie als ihnen ähnlich empfinden, hoffen sie sich fast ohne Worte verständigen zu können. Mit Menschen, die sie als unähnlich empfinden, wollen sie meist nichts zu tun haben. Dass schizoid Strukturierte in der Regel wenig sprechen, hängt auch damit zusammen, dass es bei ihnen in einem Gespräch um Wesentliches gehen soll. Wenn nichts Wesentliches zu besprechen ist, soll man, meinen sie, schweigen. So genannten »Smalltalk« finden sie überflüssig und läppisch. Sie machen sich nicht klar, dass Smalltalk eine Kommunikation ermöglicht, die vom Inhaltlichen des Gesprochenen unabhängig ist. Man hört den anderen sprechen, sieht sein Gesicht, seine Mimik, seine Gestik. Man erfährt so einiges über den anderen, wird mit ihm vertrauter. Schizoid strukturierte Menschen interessieren sich von vorneherein wenig für die Oberfläche anderer Menschen. Sie interessiert die Tiefe, in die sie direkt gelangen wollen.

Narzisstisch strukturierte Menschen brauchen einen Gesprächspartner als Zuhörer. Was ein Gegenüber selbst zu sagen hat, interessiert sie wenig. Oft kommt es vor, dass ein narzisstisch Strukturierter zu sprechen beginnt, während sein Gegenüber noch spricht. Er hat nicht hingehört. Es kommt nur darauf an, dass er selbst spricht und für seine Rede ein Publikum hat. Heinz Kohut (1971) spricht von Selbstobjekten, die durch aufmerksames Zuhören narzisstische Zufuhr spenden sollen. Der narzisstisch Strukturierte möchte, dass ihm aufmerksam und interessiert zugehört wird – nicht mehr.

Wird der narzisstisch Strukturierte durch jemanden unterbrochen, der nicht aufmerksam und interessiert, sondern nur genervt zugehört hat, kränkt ihn das mehr als andere. Ist das, was er sagt, interessant für den Zuhörer, kann es ihm gelingen, die gewünschte kommunikative Situation – er spricht, sein Gegenüber oder eine Gruppe von Leuten hört zu – über längere Zeit aufrechtzuerhalten. Vortragsredner, die länger reden möchten, als ihre Redezeit es zulässt, fragen den Vorsitzenden oder Moderator manchmal, ob sie noch länger sprechen können. Sie orientieren sich selten an den Reaktionen der Zuhörer. Ich erinnere einen Vortrag auf einem Kongress in Lindau, bei dem der Vortragende seine Zeit lange überzog und wo es im Publikum zu deutlichen Unmutsreaktionen kam, ohne dass der Vortragende das zu merken schien.

Menschen mit einer *depressiven Struktur* erleben Worte ähnlich wie Nahrung. Es kann sein, dass sie viel lesen, sich große Mengen Text »reinziehen«. Daran, viel zu schreiben, hindert sie meist ein Mangel an Initiative. Weil sie Worte gern in sich aufnehmen, gelten sie oft als gute Zuhörer. Sie »hängen an den Lippen« des Sprechenden. Man könnte auch sagen, dass sie viel Nahrung in einer sublimierten Form aufnehmen können. In helfenden Berufen, in denen die verbale Kommunikation eine große Rolle spielt, zum Beispiel im Beruf des Psychotherapeuten, fühlen sie sich verpflichtet, den Klienten oder Patienten mit Worten zu »füttern«. Weil sie von der Qualität dessen, was sie produzieren, meist keine gute Meinung haben, versuchen sie, die geringe oder vermeintlich geringe Qualität dessen, was sie sagen, durch Quantität zu kompensieren. Dabei setzen sie voraus, dass der Zuhörer so viele Worte haben will, was nicht immer der Fall sein muss. Die Wirkung ihrer Worte beobachten sie zwar, doch manchmal fällt es ihnen schwer zu begreifen, dass jemand weniger haben möchte, als sie ihm geben wollen.

Die Bezeichnung »analer Redeschwall« bezieht sich auf die anale Entwicklungsphase, in der eine *Zwangsstruktur* entstehen kann; diese Bezeichnung resultiert aus der Vorstellung, dass Zwanghafte eine Art verbalen Durchfall haben. Oft dient die Sprache dem zwanghaft Strukturierten als Instrument der Kontrolle. »Kontrolle« wird hier im angelsächsischen Sinne gebraucht, also nicht nur im Sinne von Überprüfung, sondern auch im Sinne von Herrschaft: Der Zwanghafte möchte die Szene beherrschen. Eine Patientin mit einem zwanghaften Redestil beendete jeden Satz mit dem Wort »und«, womit sie signalisierte, dass sie weiter sprechen wollte und niemand sonst etwas sagen sollte.

Andere Zwanghafte sind im Sprechen geizig. Sie sagen wenig und schweigen auch dann, wenn eine verbale Äußerung offensichtlich erwartet wird. Tatsächlich erleben sie alles, was man von ihnen erwartet, als ein Hergeben wertvoller Substanz. An ihre eigenen verbalen Äußerungen und an die verbalen Äußerungen anderer Personen stellen sie bezüglich der Präzision hohe Anforderungen. Hier zeigt sich ihr auch sonst zu beobachtendes Streben nach Genauigkeit. Manche kultivieren das druckreife Sprechen.

Menschen mit einer *phobischen Struktur* hört man im Allgemeinen gerne zu. Sie stellen sich auf den Gesprächspartner ein und bemühen sich, gut »rüberzukommen«. Versucht man, etwas zu sagen oder zu fragen, erkennt man aber plötzlich, dass sie einen nicht zu Wort kommen lassen wollen. Für phobisch Strukturierte dient das Sprechen dazu, ihre Gesprächspartner festzuhalten und gleichzeitig auf Distanz zu halten. Das haben sie als eine zweckmäßige Möglichkeit trainiert, mit Menschen umzugehen, die ihnen als steuernde Objekte dienen. Das steuernde Objekt soll dableiben, aber nicht zu nahe kommen, weil das die Initiative des phobisch Strukturierten zu sehr, über das gewünschte Steuern hinaus, einschränken würde. Man findet ein solches Redeverhalten überwiegend bei phobisch Strukturierten, die mit einer zudringlichen Mutter aufgewachsen sind, gelegentlich aber auch bei solchen, deren Eltern sie beim Lernen durch Ausprobieren zu viel allein ließen und dennoch erwarteten, dass sie die gleichen Entwicklungsschritte machten wie Kinder, deren Eltern mehr mit ihnen interagierten. Dann erleben sie einen Gesprächspartner als potentiell überfordernd.

Kontraphobisch strukturierte Menschen, die ein »mutiges« Verhalten zeigen, sind in ihren verbalen Äußerungen oft mutig in dem Sinne, dass sie riskieren, andere vor den Kopf zu stoßen.

Menschen mit einer *hysterischen Struktur vom phallisch-narzisstischen Typ* wollen wegen ihrer Geschlechtseigenschaften anerkannt und bewundert werden. Im Unterschied zu jenen mit einer narzisstischen Struktur sehen sie sich mit anderen Personen eher auf einer gleichen Ebene. Es ist ihnen auch wichtig, wie jemand, dem sie sich präsentieren, reagiert. Dabei nehmen sie negative Reaktionen wahr und modifizieren ihr Verhalten, um positivere Reaktionen hervorzurufen. Sie suchen durch den Inhalt des Gesagten und durch ihre Sprechweise zu beeindrucken. Inhaltlich weisen sie auf Ereignisse hin, in denen sie sich als Mann oder Frau bewähren konnten, oder sie erzählen von Besitztümern und Kompetenzen, die sie in einem vorteilhaften Licht erscheinen lassen. Die Sprechweise wird an den jeweiligen Zuhörer oder die jeweilige Zuhörerin angepasst. Giacomo Casanova (Neuausgabe 1985), der neben Don Juan gerne als Beispiel für die männliche phallisch-narzisstische Struktur genommen wird, war ein Verführer, der positive Eigenschaften und Kompetenzen aufzuweisen hatte und betonte, der sich aber auch auf die Frauen einzustellen wusste, die er verführen wollte.

Männlich identifizierte phallisch-narzisstische Frauen stellen Eigenschaften, Kompetenzen und gelegentlich Besitztümer in den Vordergrund, die auch einem Mann gut anstehen würden. Sie sprechen oft auch weniger als Frauen, die mit der klassischen weiblichen Rolle identifiziert sind. Letztere kultivieren oft eine betont weibliche, liebenswürdige Sprechweise und weisen auf Kompetenzen hin, die sie als »typisch weiblich« empfinden.

Menschen mit einer *hysterischen Struktur vom ödipalen Typ* richten ihr Verhalten, auch ihr Sprechverhalten, auf die Erwartungen der Gesprächspartner in hohem Maße ein, nach dem Motto: »Ich bin so, wie du mich haben willst.« Sie stellen nicht nur ihre Geschlechtseigenschaften in den Vordergrund, sondern auch Eigenschaften und Kompetenzen, die sie allgemein und nicht nur in sexueller Hinsicht attraktiv erscheinen lassen. So kann eine Studentin sich scheinbar für einen Bereich ihres Studiums besonders interessieren, der an der Universität von jemandem vertreten wird, in den sie sich verliebt hat. Verliebt sie sich in einen anderen Dozenten, wechselt ihr Interesse. Die hohe Tendenz zur Anpassung gilt nicht nur für Inhaltliches, sondern auch für die Sprechweise. Hysterisch Strukturierte vom ödipalen Typ können sich begeistert oder kühl geben, je nach vermuteter Wirksamkeit.

In der ödipalen Entwicklungsphase haben solche Männer und Frauen sich bereits entsprechend verhalten. Sie wollten Partner oder Partnerin der Mutter oder des Vaters seien, im negativen Ödipuskomplex spiegelbildlich, und sie richteten sich nach den vermuteten Wünschen des entsprechenden Elternteils. Dabei strebten sie die Rolle des Partners oder der Partnerin eines Elternteils an, also eine Rolle, die eher auf einen Erwachsenen oder eine Erwachsene passte als auf ein Kind. Oft wurden sie darin von dem entsprechenden Elternteils bestärkt. Man kann sagen, dass sie schon damals gelernt haben, »eine Rolle zu spielen«. Das Rollenspiel kommt auch in der heutigen psychiatrischen Klassifikation zum Ausdruck, die für die hysterische Struktur die Bezeichnung »histrionisch«, also schauspielerhaft, gefunden hat. Verbale Kommunikation steht im Dienste einer Rolle und variiert je nach den Rollenmerkmalen.

Der Wunsch zu gefallen motiviert manche hysterisch Strukturierten, die ihren Kommunikationsstil behalten möchten und versuchen, das Gegenüber auf eine Kommunikationsebene zu ziehen, auf der sie sich gut auskennen. Manche hysterisch Strukturierte vom ödipalen Typ glauben zum Beispiel, besonders witzig zu sein. Sie machen dann Witze oder Späße und erwarten, dass das Gegenüber lacht, auch wenn dem nicht danach zu Mute ist und er die Witze und Späße nicht zum Lachen findet.

Konkurrenz

Der Stellenwert von Solidarität und Konkurrenz variiert zwischen den Kulturen. Im Westen steht Konkurrenz im Vordergrund, im Osten eher Solidarität. Länder, die Solidarität im Inneren hochhalten, fühlen sich mit anderen Ländern wenig solidarisch und konkurrieren mit ihnen. Die beiden Teile von Deutschland z. B. hatten sich in Bezug auf Konkurrenz und Solidarität im 20. Jahrhundert unterschiedlich entwickelt. Trotz der erheblichen interkulturellen Unterschiede lassen sich zu Einflüssen der Charakterstruktur Aussagen machen, die allgemeine Gültigkeit beanspruchenden können.

Schizoid Strukturierte neigen wenig zu einem solidarischen Verhalten. Oft gilt ihre Solidarität eher Menschen in einer fernen Zukunft als den gegenwärtig Lebenden. Jene sollen von der Verwirklichung der Utopien profitieren, für die schizoid Strukturierte sich einsetzen. In einer Konkurrenz mit anderen geht es ihnen um die »Sache«, oft im Sinne zukunftsorientierter Projekte. Persönliche Wünsche nach Gewinn und Geltung sollen keine Rolle spielen.

Für einen *narzisstisch Strukturierten* kommt Konkurrenz nur mit wenigen Menschen infrage. Mit den meisten kann er nicht konkurrieren, weil sie sich nicht auf seiner Ebene befinden. In früheren Zeiten durften sich Angehörige der Oberschicht und der oberen

Mittelschicht nur mit Männern duellieren, die »satisfaktionsfähig« waren. Es gibt Leute, die der narzisstisch Strukturierte als gleichrangig akzeptiert. Er phantasiert dann, zusammen mit ihnen einer Elite anzugehören, innerhalb der man miteinander konkurrieren kann. Angehörige dieser Elite finden sich für ihn aber selten in seiner unmittelbaren Umgebung. Die Menschen, mit denen er interagiert, setzt er meist herab. Auf Konkurrenzangebote kann er amüsiert reagieren oder er kann durch sie gekränkt sein und ein solches Angebot als Zumutung empfinden. Ist er Personen in seiner unmittelbaren Umgebung in einem bestimmten Bereich unterlegen, entwertet er diesen Bereich: Darauf komme es nicht an.

Depressiv Strukturierte konkurrieren bezüglich der Arbeitsmenge, die sie leisten, und bezüglich der Anstrengung, die sie im Vergleich mit anderen Menschen dabei auf sich nehmen, nicht aber in der Produktivität, im Sinne von Arbeitsergebnissen je Zeiteinheit. Anstrengung, vor allem Anstrengung für andere, ist für depressiv Strukturierte moralisch wertvoll. Wer auf die Arbeitsproduktivität achtet, wird von ihnen als »materialistisch« orientiert abgewertet. Wer sich am meisten anstrengt, gewinnt. Wer sich die Arbeit erleichtern will, wird moralisch abgewertet. Das geschieht sogar dann, wenn sich seine Arbeitsproduktivität durch zweckmäßige Kunstgriffe erhöht.

Dem *zwanghaft Strukturierten* kommt es auf Produktivität an. Es soll viel und – vor allem qualitativ hochwertig – produziert werden. Seine Produkte gibt der Zwanghafte nicht gerne her. Er behält sie bei sich, zumindest ihren Gegenwert in Geld, das er hortet. Viele Zwanghafte konkurrieren wenig, sie arbeiten lieber vor sich hin und freuen sich an den Produkten, ohne sie mit den Produkten zu vergleichen, die andere herstellen, ähnlich wie ein Sammler sich an seinen Sammelstücken freuen kann.

Arbeitet der Zwanghafte mit anderen zusammen, hat er eigene Maßstäbe für die Qualität der Produkte. Er konkurriert im Bereich der Qualität, selten der Quantität. Die Qualität soll hoch sein, unabhängig davon, ob sie so gebraucht wird. Er stellte ein Werkstück mit genaueren Fertigungstoleranzen her als die Funktion des Werkstücks verlangt. Er kann auch einen Brief mit größerem Zeitaufwand formulieren als die Funktion des Briefes rechtfertigen würde, indem er die Formulierungen immer wieder korrigiert. Der Zwanghafte »kann nicht anders«.

Eigene Maßstäbe, die nur der Zwanghafte erfüllt, verschaffen ihm einen fiktiven Vorsprung in der Konkurrenz mit anderen. Fürchtet der Zwanghafte in einer Konkurrenz zu unterliegen, vielleicht in einer Konkurrenz mit einem anderen Zwanghaften, vermeidet er sie, oft unter einem Vorwand, um sich nicht »unten« fühlen zu müssen. In einer Konkurrenz zu verlieren und dennoch auf gleicher Ebene zu bleiben, kann er sich schwer vorstellen. Wer unten ist, ist Sklave. Wer oben ist, ist Herr.

Für Menschen mit einer *phobischen Struktur* geht Harmonie vor Überlegenheit. Konkurrenz kann Harmonie stören. Konkurrenz wird deshalb, wenn möglich, vermieden. Ist sie unvermeidbar, sucht der phobisch Strukturierte nach einem steuernden Objekt, das darauf achtet, dass man sich nicht gegenseitig schadet, in der Funktion eines Schiedsrichters. Nicht immer sind steuernde Objekte, mit denen der phobisch Strukturierte schon in Verbindung steht, für eine solche Rolle geeignet. Dann wird Konkurrenz auch deshalb vermieden, weil das steuernde Objekt gewechselt werden müsste und der phobisch Strukturierte fürchtet, dann zwischen zwei Stühlen zu sitzen. Befindet sich der phobisch Strukturierte selbst in der Position eines steuernden Objekts, versucht er, die Personen, für die er diese Funktion hat, meist am Konkurrieren zu hindern.

Kontraphobisch strukturierte Menschen verhalten sich spiegelbildlich. Eine Konkurrenzsituation hat für sie die Funktion einer Mutprobe, der sie sich stellen müssen. Wenn sie sich in der Funktion eines steuernden Objekts befinden, fordern sie die von ihnen

Gesteuerten zum Konkurrieren auf. Scheitern diese in wichtigeren Konkurrenzen, kann es sein, dass der kontraphobisch Strukturierte in ein phobisches Verhalten zurückfällt und ängstlich reagiert.

Für Menschen mit einer *hysterischen Struktur vom phallisch-narzisstischen Typ* ist das Konkurrieren zentral. Konkurriert wird bezüglich der Geschlechtseigenschaften und allem, was als damit zusammenhängend gesehen wird. Diese Struktur entsteht während einer Zeit, wo Kinder unter anderem beginnen, Vergleiche ihrer primären Geschlechtsmerkmale anzustellen. Freud sprach bei Frauen von einem Penisneid. Das Mädchen wolle auch einen Penis haben. Etwas haben zu wollen, was jemand anderes hat, findet man bei Menschen in vielerlei Hinsicht. Freud hat den Neid auf den Penis akzentuiert. Beim Vergleich der Geschlechtseigenschaften spielen aber alle Geschlechtsunterschiede eine Rolle. Was ein Kind haben will, hängt auch von der Bewertung ab, die ein bestimmtes Merkmal in der Familie erfährt. Wird bei einem Bruder ein motorisch raumgreifendes Verhalten positiv bewertet, kann die Schwester wünschen, dieses Verhaltensmerkmal auch zu besitzen. Wichtig ist weiter, welche Rolle der Vater als Mann in der Familie spielt: ob er angesehener ist als die Mutter oder weniger angesehen, gesünder als die Mutter oder kränker, körperlich größer als die Mutter oder kleiner.

So kann es dazu kommen, dass ein Mädchen lieber ein Junge sein möchte als ein Mädchen. Später möchte es wegen Eigenschaften und Verhaltensweisen geschätzt werden, die sich mehr bei Männern als bei Frauen finden. Andere Mädchen, bei denen in der Familie solche Eigenschaften und Verhaltensweisen positiv bewertet werden, die zur klassischen Frauenrolle gehören, werden sich eher mit dieser Rolle identifizieren und als Erwachsene in dieser Eigenschaften anerkannt oder bewundert werden wollen. Bezüglich der Geschlechtseigenschaften wird mit anderen Menschen konkurriert. Jungen identifizieren sich viel seltener mit der Mutter als mit dem Vater, heutzutage aber mehr als noch vor vierzig Jahren. Die Zahl der zentral mit ihrer Mutter identifizierten Männer wird zunehmen.

In Gruppen können phallisch-narzisstisch strukturierte Personen durch überflüssige Konkurrenz interpersonelle Konflikte generieren. Konkurrenz kann die Arbeitsproduktivität einer Gruppe erhöhen, kann sie aber auch vermindern, wenn mehr Kräfte in die Konkurrenz als in die faktische Produktion gesteckt werden.

Bei der *hysterischen Struktur vom ödipalen Typ* geht es – oft in Konkurrenz mit anderen – um eine privilegierte Beziehung zu einer Person, also nicht nur darum, dass eigene Geschlechtseigenschaften anerkannt oder bewundert werden. So kann ein Mann oder eine Frau eigene Eigenschaften und Kompetenzen betonen, die von Seiten der Gesellschaft keinem bestimmten Geschlecht zugeordnet werden. Dabei kann es sich zum Beispiel um allgemeine Intelligenz, Einsatz für die begehrte Person und Verzicht auf eigene Vorteile zu Gunsten der begehrten Person handeln. Die Angebote werden von hysterisch Strukturierten vom ödipalen Typ nach den Wünschen der begehrten Person ausgerichtet. So kann sich eine männlich identifizierte, phallisch-narzisstische Frau in der Konkurrenz mit einer anderen Frau um einen begehrten Mann betont weiblich im Sinne der klassischen weiblichen Rolle verhalten. Natürlich ist ein solcher Wechsel nicht auf Dauer möglich. Meist kann er nur in der Werbephase aufrechterhalten werden.

Umgekehrt kann eine Frau, die mit der klassischen weiblichen Rolle identifiziert ist, ein »kumpelhaftes« Angebot machen und ihre Wünsche, eine klassisch weibliche Rolle mit Kindern und Küche einzunehmen, zurückstellen. Wenn ein Mann sich von einer Partnerin ein mütterlich versorgendes Verhalten wünscht, kann er sich während der Werbephase betont »männlich« verhalten und die Frau später dadurch enttäuschen, dass er sich aus der Konkurrenz mit anderen Männern in die Rolle eines Hausmannes zurückzieht.

Allgemein wird gesagt, dass hysterisch strukturierte Menschen ihre Partner schwer in einer Dauerbeziehung bei sich behalten können. Das hängt auch damit zusammen, dass sie in der Werbephase ein Feuerwerk erwünschter Eigenschaften abbrennen und die dabei eingenommene Rolle auf Dauer nicht durchhalten können. Entsprechendes kann auch im Arbeitsleben passieren: Um ausgewählt zu werden, stellen sich Bewerber, die mit anderen um einen Arbeitsplatz konkurrieren, so dar, wie es den Wünschen des Arbeitgebers zu entsprechen scheint, und erfüllen später die von ihnen geweckten Erwartungen nicht.

Fehlendes Handeln

Dass jemand in einer bestimmten Situation nichts tut statt etwas zu tun, kann verschiedene Ursachen haben.

Ein *schizoid strukturierter Mensch* handelt nicht, wenn er, nach innen gekehrt, nicht erkennt, dass eine Situation besteht, in der gehandelt werden sollte oder muss. Es kann auch sein, dass ein schizoid Strukturierter den Anlass zu handeln zwar wahrnimmt, ihn aber für zu gering hält. Dabei vergleicht er Alltägliches oft mit den Zielen einer Utopie, die er verwirklichen möchte. Schizoid Strukturierte handeln oft auch nicht, wenn mit dem Handeln verbunden wäre, dass sie eine Beziehung zu einem anderen Menschen aufnehmen müssten, indem sie ihn ansprechen und zur Mitarbeit auffordern. Aus den Interaktionen, die dann folgen würden, könnte sich eine zu große Nähe ergeben. Oft haben schizoid Strukturierte auch Angst vor Zurückweisung. Weil sie im Umgang mit anderen Menschen meist ungeübt und deshalb unbeholfen sind, haben sie oft Einiges an Zurückweisungen erfahren.

Narzisstisch Strukturierte können vermeiden zu handeln, wenn sie scheitern könnten. Ein Scheitern hat für sie die Bedeutung einer

Konfrontation mit den Grenzen ihrer Mittel. Das läuft den Größenphantasien zuwider. Narzisstisch Strukturierte ziehen sich oft in die Ausgestaltung ihrer Größenphantasien zurück. Als Musiker möchten sie eine große Sinfonie komponieren, als Schriftsteller den Roman des Jahrhunderts schreiben.

Depressiv Strukturierte können schwer eine Aktivität beginnen. Geht die Initiative von anderen aus, werden sie tätig. Sonst werden sie durch Verpflichtungsgefühle motiviert, gegen die sie innerlich protestieren, wobei sie sich den Protest aber übel nehmen. Ein anderer Anreiz zur Aktivität besteht für sie darin, dass jemand da ist, der sie nötig braucht. Auch wenn der Betreffende nicht um Hilfe bittet, motiviert seine bloße Anwesenheit den depressiv Strukturierten meist schon, für ihn tätig zu werden. (Ist ein depressiv Strukturierter einmal tätig, kann er die Tätigkeit schwer unterbrechen, wenn er befürchtet, dann nicht wieder in Gang zu kommen.)

Menschen mit einer *zwanghaften Struktur* können gegen die Ansprüche anderer protestieren und diesen Protest ausleben, ohne deshalb ein schlechtes Gewissen zu haben. Meist wird aber ein Kompromiss gefunden, der den Protest und ein als gehorsam empfundenes Befolgen von Anweisungen vereinigt. Dann kommt es zum Beispiel zu einem so genannten Bummelstreik: es wird gearbeitet, aber langsam. Die Langsamkeit des Arbeitens wird mit Hinweisen auf Vorschriften begründet, die befolgt werden müssten. Oder ein Auftrag wird zwar akzeptiert, seine Ausführung aber mit »guten Gründen« verschoben.

Zwanghafte können auch gegen sich selbst protestieren: Wenn sie sich etwas vorgenommen haben, fühlen sie sich verpflichtet, es auszuführen. Sie protestieren aber dann gegen diese innere Verpflichtung, indem sie nicht handeln.

Phobisch strukturierte Menschen ohne ein steuerndes Objekt wirken von außen oft so, als hätten sie keine Initiative. Tatsächlich entstehen Initiativen, die aber auf dem Weg zum Handeln stecken bleiben. Oft erreichen sie das Bewusstsein gar nicht, nur die durch sie ausgelöste Angst wird bewusst. Das unterscheidet die bei phobischen Menschen in einer solchen Situation entstehende Angst von der Signalangst (Freud 1926; König 1981). Die Signalangst bleibt unbewusst. Die Angst der phobisch Strukturierten wird erlebt, oft nicht eindeutig als Angst, sondern nur als ein undeutliches Gefühl des Bedrohtseins. Das hat den Nachteil, dass diese Form von Angst keine Handlungsanweisung enthält. Deutlich als Angst erlebte Angst enthält die Handlungsanweisung: Geh aus dem Feld und vermeide künftig solche Situationen oder kämpfe.

Bei phobisch Strukturierten besteht häufig die Tendenz, eine gefürchtete Aktivität durch eine andere, harmlose zu ersetzen: Wenn jemand Angst vor dem Schreiben hat, kann er seine Bleistifte spitzen oder er gießt seine Topfpflanzen, räumt auf oder kocht Tee. Von einer gefürchteten Tätigkeit wird auf eine harmlose ausgewichen.

Menschen mit einer kontraphobischen Struktur fallen oft durch riskante Aktivitäten auf. Sie verfallen in Passivität, wenn sie mit einer ihnen wichtigen Aktivität scheitern. Dann zeigen sie oft weniger Aktivität als phobisch Strukturierte, die keine kontraphobische Überkompensation entwickelt haben.

Männer und Frauen mit einer phallisch-narzisstischen Struktur wollen wegen ihrer Geschlechtseigenschaften anerkannt oder bewundert werden. Bei solchen Menschen findet sich Untätigkeit nicht als ein durchgängiges Merkmal. Giacomo Casanova, der einen deutlichen phallisch-narzisstischen Strukturanteil hatte, war sehr aktiv. Wir wissen nicht, ob er vermieden hat zu handeln, wenn Scheitern infrage kam. Tätigkeiten, bei denen die Gefahr groß ist, sich als Mann oder Frau zu blamieren, werden bei phallisch Strukturierten ja meist ausgespart.

Menschen mit einer hysterischen Struktur vom ödipalen Typ fallen nicht durch Inaktivität auf, sondern durch ungebremstes und unüberlegtes Handeln. Sie handeln oft auf der Basis unzureichender Informationen. Dass sie nach der ödipalen Phase in ödipalen Konflikten befangen blieben, hat die Entwicklung steuernder Ich-Funktionen behindert. Diese entsprechen dann zum Teil denen eines Kindes von vier oder fünf Jahren.

In einem ödipalen Dreieck wird von Menschen mit einer hysterischen Struktur vom ödipalen Typ ein Handeln vermieden, das die Dreiecksbeziehung beenden könnte. So kann eine Frau viele Jahre die Geliebten eines verheirateten Mannes sein und keine ernsthaften Anstrengungen unternehmen, mit ihm offiziell zusammenzuleben, obwohl sie mit dem Status der heimlichen Geliebten manifest unzufrieden ist. Unbewusst fürchtet sie, der geliebte Mann könnte ohne seine Frau die Attraktivität für sie verlieren, was tatsächlich meist eintritt, wenn die Geliebte die Ehefrau verdrängt hat.

Ausreden und Rationalisierungen, wenn die Arbeit nicht vorangeht

Eine Ausrede liegt vor, wenn jemand weiß, warum seine Arbeit nicht vorangeht, aber einen anderen Grund nennt, von dem er annimmt, dass er eher akzeptiert wird. Von Rationalisierungen (König 1996) spricht man in der Psychoanalyse dann, wenn der wahre Grund dem Rationalisierenden unbekannt ist oder von ihm geleugnet oder bagatellisiert wird. Mit Leugnen ist hier gemeint, dass jemand von etwas weiß, ihm aber in einem bestimmten Zusammenhang keine Bedeutung zuerkennt. Wenn die Bedeutung erkannt, ihr Stellenwert aber unterschätzt wird, spricht man von Bagatellisieren.

Wird jemand hypnotisiert und erhält er den posthypnotischen Befehl, nach dem Erwachen aus der Hypnose ein Fenster zu öffnen, er das dann auch tut und man ihn fragt, warum er das Fenster aufgemacht hat, wird er einen plausiblen Grund nennen; zum Beispiel, dass es im Raum zu warm war oder die Luft zu schlecht. Sein Kausalitätsbedürfnis lässt ihn nach einem vernünftigen Grund suchen, den er meist auch findet und den er für zutreffend hält. Dabei hat er keine Täuschungsabsicht, er kennt den wahren Grund nicht. Beim Rationalisieren täuscht der Rationalisierende sich selbst. Mit einer Ausrede würde er nur sein Gegenüber täuschen.

Menschen mit verschiedenen Strukturen benutzen unterschiedliche Rationalisierungen und Ausreden, wenn die übrigen Faktoren gleich sind. Meist ist schwer zu erkennen, ob es sich um eine Ausrede oder um Rationalisieren handelt. Es ist aber wichtig, sich klarzumachen, dass es die verschiedenen Möglichkeiten gibt und eine bewusste Täuschungsabsicht nicht vorliegen muss, wenn jemand eine Begründung nennt, die nicht plausibel erscheint.

Menschen mit einer schizoiden Struktur gehen davon aus, dass andere Menschen ebenso denken und fühlen müssten wie sie. Ein schizoid Strukturierter hat eine Arbeit vielleicht nicht durchgeführt, weil er sie für nachrangig hielt. Macht der Auftraggeber deutlich, dass ihm die Arbeit wichtig ist, kann der schizoid Strukturierte das schwer einsehen. Er selbst wäre nicht darauf gekommen. Zu Ausreden neigen schizoid Strukturierte eher nicht.

Narzisstisch Strukturierte, die sich über die eigenen Fähigkeiten täuschen, weil sie ihre Fähigkeiten auf der Basis ihrer Omnipotenzphantasien einschätzen, haben es oft gelernt, geschickte Ausreden zu erfinden. Das gehört zu ihrem manipulierenden Verhalten. Eigentlich müsste das Gegenüber einsehen, dass die Arbeit in der vorgegebenen Zeit nur schlecht oder gar nicht geleistet werden konnte. Wenn dem Gegenüber diese Einsicht nicht möglich sei, müsse er eben durch eine Ausrede zufriedengestellt werden. Hier liegt eine bewusste Täuschungsabsicht vor, zu der sich der narzisstisch Strukturierte berechtigt fühlt.

Depressiv Strukturierte weisen am ehesten auf Überlastung hin, wenn sie mit ihrer Arbeit nicht zurecht kommen. Sie haben sich angestrengt, und wenn das keinen Erfolg hatte, liegt es nicht an ihnen, sondern an der Art und dem Umfang der Arbeit. Gleichzeitig werfen sie sich vor, nicht mehr oder bessere Arbeit geliefert zu haben. Eigentlich möchten sie getröstet werden. Ihre gute Absicht soll für die Tat genommen werden. Kommt nur Kritik, finden sie die »unmenschlich«. Im Vergleich zum Gegenüber sind sie in dieser Situation die besseren Menschen.

Zwanghaft Strukturierte, die eine Arbeit zu spät abliefern, was bei ihnen häufig der Fall ist, weisen meist darauf hin, dass die Arbeit mehr Genauigkeit erfordert hat und umfänglicher gewesen sei, als der Auftraggeber gemeint habe. Sie selbst hätten Zweifel gehabt, ob die Arbeit in der vorgegebenen Zeit zu schaffen sei, ihre Zweifel aber leider nicht vorgebracht, weil sie nicht auf Verständnis gehofft hätten. Dabei meinen sie, die erforderliche Genauigkeit und Vollständigkeit der Arbeit richtig einzuschätzen. Enthält die Arbeit Fehler, führen sie das auf widrige äußere Umstände zurück, zum Beispiel sei es im Arbeitszimmer zu kalt oder zu warm gewesen, sie seien durch Telefonate abgelenkt worden und so weiter. Sie glauben selbst, es läge an äußeren Dingen, weil sie nicht einräumen können, dass die Ursachen bei ihnen liegen. Es kann dann zu rechthaberischen Auseinandersetzungen kommen, bei denen sie in ihrer Einschätzung der Sachlage Recht zu haben glauben.

Phobisch Strukturierte, die kein zufriedenstellendes Arbeitsergebnis vorlegen können, reagieren mit Angst, wenn der Auftraggeber steuerndes Objekt ist. Sie befürchten, ihn in dieser Funktion zu verlieren, wenn sie seine Erwartungen nicht erfüllen. In der Regel übernehmen sie Aufgaben nicht, denen sie sich nicht gewachsen fühlen. Dabei unterschätzen sie sich aber oft.

Sie möchten keine Fehler machen. Werden sie nicht rechtzeitig fertig oder unterlaufen ihnen Fehler, sind sie bemüht, »die Scharte auszuwetzen«. Dazu gehört auch, dass sie eigene Fehler einräumen. Zu rechthaberischen Auseinandersetzungen kommt es eher nicht. Ist die Beziehung zum steuernden Objekt gestört und handelt sich dabei um einen Vorgesetzten, neigen sie zum Arbeitsplatzwechsel in der Hoffnung, am neuen Arbeitsplatz ein besser passendes steuerndes Objekt zu finden. Bei der Wahl des Arbeitsplatzes ist dann wichtig, dass die Institution den Ruf hat, sich um ihre Mitarbeiter zu *kümmern*. Das gilt auch für Doktoranden oder Diplomanden.

Kontraphobisch Strukturierte wollen ohne steuerndes Objekt auskommen und riskieren viel. Dabei kann es leicht zu einem Scheitern ihrer Projekte kommen. Um die kontraphobische Position beibehalten zu können, werden äußere Gründe für den Misserfolg gesucht und vorgebracht. Werden sie nicht akzeptiert und muss der kontraphobisch Strukturierte erkennen, dass sie tatsächlich nicht ausreichen, kann es sein, das er in die phobische Position zurückkippt. Dann kann es Schwierigkeiten beim Finden der jetzt benötigten steuernden Objekte geben, weil der kontraphobisch Strukturierte den Umgang mit steuernden Objekten nicht trainiert hat.

Hysterisch strukturierte Männer vom phallisch-narzisstischen Typ und phallisch-narzisstische Frauen, die männlich identifiziert sind, konkurrieren stark im Leistungsbereich. Unterliegen sie in einer Konkurrenz, kann das für sie bedeuten, dass ihre männlichen Eigenschaften, zu denen sie meist berufliche Kompetenzen zählen, infrage gestellt sind. Das kann zu verstärkten Anstrengungen, aber auch zu Resignation führen oder zu einem Wechsel des Arbeitsfeldes. Oft schuldigen sie äußere Faktoren an oder ein unfaires Verhalten der Konkurrenten. Dabei kann ihre Arbeit nach üblichen Maßstäben gut gewesen sein, der Andere oder die Anderen waren nur besser.

Phallisch-narzisstische Frauen, die mit der klassischen Frauenrolle identifiziert sind, konkurrieren bezüglich der entsprechenden Eigenschaften. Unterliegen sie in einer Konkurrenz, suchen sie die Selbstpräsentation zu verbessern. So kann es sein, dass sie ihr Äußeres verändern, durch eine neue Frisur, eine neue Haarfarbe, neue Kleider. Wird ihnen am Arbeitsplatz eine andere Frau vorgezogenen, sehen sie die Gründe eher in einer geschickteren Selbstdarstellung als im Leistungsbereich. Damit täuschen sie sich oft selbst.

Hysterisch strukturierte Männer und Frauen vom ödipalen Typ suchen im Arbeitsbereich ödipale Dreiecke zu inszenieren, gerne mit Chefs. In der Beziehung zum Chef konkurrieren sie mit dessen Partnerin, auch wenn sie im Betrieb nicht in Erscheinung tritt, oder mit anderen Mitarbeiterinnen. Wird ihre Arbeit vom Chef kritisiert, suchen sie Gründe dafür eher im Bereich von Sympathie und Antipathie als im Leistungsbereich. Sie versuchen dann vielleicht, sich in ihrem Aussehen und ihrem Verhalten für den Chef attraktiver zu machen.

»Spontaneität« hat für hysterisch Strukturierte vom ödipalen Typ oft einen hohen positiven Stellenwert. Impulsives, unreflektiertes Handeln gilt ihnen als spontan und wünschenswert. Ist bei einer Arbeit überlegtes Handeln erforderlich und werden sie auf ihr tatsächliches Handeln angesprochen, findet sie die Kritik »kleinkariert«. Es kann sein, dass sie die Arbeit dann »hinschmeißen«.

Manche hysterisch Strukturierte, vor allem solche, die früh die Erfahrung gemacht haben, dass sie ein ungesteuertes Verhalten in Schwierigkeiten brachte, entwickeln, gleichsam kompensatorisch, ein strenges Über-Ich. Das Über-Ich substituiert Steuerungsfunktionen, die das Ich unzureichend ausübt. Solche hysterisch Strukturierten sind dann streng mit sich selbst, indem sie in verschiedenen Handlungsbereichen Verbote aufrichten, die verhindern, dass sie in Situationen geraten, wo das Ich steuern müsste. Sekundär sind sie dann oft auch streng mit anderen, ihren eigenen Maßstäben entsprechend. Wenn sie bei der Arbeit Fehler machen oder versagen, werten sie das wie Verstöße gegen moralische Normen. Sie machen sich dann Selbstvorwürfe, die Kritik von außen vorwegnehmen.

Kompensationsmöglichkeiten

Jede Charakterstruktur kann bei der Arbeit Vorteile und Nachteile haben, wobei die Nachteile partiell oder ganz kompensiert werden können.

Menschen mit einer schizoiden Struktur achten wenig auf Details. Bei manchen Arbeiten müssen sich aber zur Beachtung von Details zwingen. Wird das eine Zeit lang durchgehalten, kommt es zur Automatisierung. Der schizoid Strukturierte hat dann das Beachten von Details ein Stück weit *gelernt,* obwohl es ihm an sich nicht liegt. Überhaupt kann es für schizoid Strukturierte wichtig sein zu trainieren, die äußere Realität zu beachten. Dabei kann es erforderlich sein, dass sie sich klarmachen, dadurch Kompetenzen hinzugewinnen zu können, ohne deshalb eigene, gut entwickelte Kompetenzen zu verlieren, etwa die Fähigkeit, über einen Sachverhalt nachzudenken und neue, originelle Lösungen zu seiner Bewältigung zu finden.

Menschen mit einer narzisstischen Struktur, die Omnipotenzphantasien entwickelt haben und diese zur inneren Stabilisierung notwendig brauchen, unterlassen es oft, wenn eine Arbeitsaufgabe gestellt wird, sich darüber zu informieren, wie andere bei der Lösung ähnlicher Aufgaben vorgegangen sind und welchen Qualitätsstandard und welchen Umfang die Lösung hatte. Allerdings kann das die Folge haben, dass sie das Interesse an der Arbeit verlieren, weil das Geforderte zu banal ist. Wenn der narzisstisch Strukturierte dann die vorhandenen Erwartungen erfüllt, trägt das nicht genug zur Stabilisierung seines Selbstwertgefühls bei. Das gilt besonders für Arbeiten, die während eines Studiums geleistet werden müssen und mit denen man zunächst keine unmittelbaren Erfahrungen hat, wie Hausarbeiten, Diplomarbeiten oder Doktorarbeiten. Da kann es sinnvoll sein, sich schon vorliegende Arbeiten anzusehen.

Der narzisstisch Strukturierte glaubt oft, von anderen nichts lernen zu können: Eigentlich kann er selbst alles am besten oder die

Qualitätsstandards anderer genügen ihm nicht. Ein ähnliches Verhalten findet man bei schizoid Strukturierten, die ihre Autarkie gefährdet sehen, wenn sie sich von anderen beeinflussen lassen. Schizoid Strukturierte und narzisstisch Strukturierte sind oft auch beratungsresistent.

Bei narzisstisch Strukturierten kann man oft finden, dass sie Größeres tun wollen, als verlangt wird. Eine Doktorarbeit legen sie wie eine Habilitationsarbeit an, eine Habilitationsarbeit muss an Erkenntnissen so viel bringen wie bei anderen ein Lebenswerk. Narzisstisch Strukturierte legen oft zu wenig Zwischenschritte ein. Das kann auch Menschen mit anderen Strukturen passieren. Vernünftige Zwischenschritte einzulegen gehört aber zur Standard-Arbeitstechnik.

Zwischenschritte einlegen muss, wie andere Aspekte einer Arbeitstechnik, gelernt werden. Dazu sind narzisstisch Strukturierte oft nicht bereit. Sie können es sogar als kränkend empfinden, wenn man ihnen rät, sich um die Konzeption von Zwischenschritten zu bemühen. Sie verhalten sich dann so wie Bergsteiger, die beim Besteigen eines hohen Berges keine Pausen oder Zwischenaufenthalte einlegen würden. Bei den Zwischenschritten handelt es sich um ein Eingehen auf Erfordernisse der äußeren Realität. Omnipotenzphantasien laufenden dem zuwider.

Depressiv Strukturierte bringen oft nicht die Initiative auf, die notwendig ist, um eine Arbeit zu strukturieren. Beim Strukturieren einer Arbeit kann es nötig sein, sie aufzuteilen, ohne den Überblick über das Ganze zu verlieren. Dazu kommt noch, dass depressiv Strukturierte meinen, mehr leisten zu müssen als andere, obwohl sie die Arbeit mehr anstrengt und ihre Produktion pro Zeiteinheit oft geringer ist. Die Arbeit erscheint ihnen wie ein Berg, vor dem sie resignieren.

Hier kann es Sinn machen, kompetente Personen um Rat zu fragen, die Aussagen zum erwarteten Umfang der Arbeit machen und dabei helfen können, die Arbeit zu strukturieren. An den Universitäten wird oft zu wenig darauf geachtet, wie die Doktoranden arbeiten; auch dann, wenn die Doktorväter und -mütter am Ergebnis interessiert sind und es bald haben möchten.

Manche depressiv Strukturierte mit wenig eigener Initiative kommen nicht zurecht, ohne jemandem die Funktion zu übertragen, sie zu einem bestimmten Tun aufzufordern und so ihre fehlende Initiative zu substituieren.

Als Beispiel nenne ich gern den *Arztberuf.* Darauf bin ich schon in früheren Kapiteln eingegangen. Ein Arzt, der in eigener Praxis arbeitet, wird dadurch, dass Patienten da sind und der Reihe nach drankommen müssen, zur Arbeit aufgefordert. Eine Arzthelferin kann Patienten ins Sprechzimmer des Arztes bitten. Arztbriefe schreiben wird von Ärzten mit wenig Initiative oft aufgeschoben. Eine Krankenakte fordert nicht so wie eine leibhaftig anwesende Person den Arzt dazu auf, tätig zu werden. Der Arzt kann diese Aufgabe allerdings auf eine Helferin übertragen, die ihm die Akten nacheinander vorlegt.

Zwanghaft Strukturierte haben Arbeitsstörungen, von denen man sagen kann, dass sie alle mit einer Angst vor Chaos zusammenhängen. Der Zwanghafte traut sich selbst nicht. Er hat Angst vor inneren Konflikten, die ihn zu einem chaotischen Handeln bringen könnten. Um das zu verhindern, setzt er den Abwehrmechanismus Isolierung aus dem Zusammenhang ein: Was nicht miteinander in Kontakt kommt, kann nicht miteinander in Konflikt geraten. Dieser Abwehrmechanismus behindert oder verhindert Vergleiche.

In Beziehungen auf gleicher Ebene sucht er fast immer, nach »oben« zu kommen. Das kann Kräfte binden, die besser für produktive Arbeit eingesetzt würden. So kann er versuchen, einen Konkurrenten auf einem Weg nach oben zu behindern, statt ihn durch eigene Leistung zu überholen. Das wirkt sich negativ auf die eigene Arbeitsproduktivität aus.

Arbeitsstörungen eines zwanghaft Strukturierten sind schwer zu beeinflussen. In Grenzen findet er eigene Kompensationsmechanismen, wie oben für den Lernstil beschrieben wurde. Von Beratung zu profitieren fällt ihm schwer, wenn die Autorität des Beratenden nicht formal nachgewiesen ist. Rat von Freunden oder Bekannten auf gleicher Ebene nimmt er meist nicht an, eher schon von Leuten, die sicher »unten« sind. Dann braucht er nicht zu befürchten, durch deren Einflussnahmen im Vergleich zu ihnen nach »unten« gebracht zu werden. Er liebt formale Festlegungen, die Entscheidungen überflüssig machen. Neuem gegenüber ist er misstrauisch, man wisse ja nie, was sich daraus entwickeln könne. Er nimmt Neues aber meist an, wenn es von Autoritäten vertreten wird, die er anerkennt.

Menschen mit einer phobischen Struktur lassen sich gern beraten, und sie sind auch nicht so kritisch, was den Status eines Beratenden angeht. Dass sie sich gern beraten lassen, hängt damit zusammen, dass sie Menschen in einer steuernden Funktion brauchen. Zu einer Person, die als steuerndes Objekt dienen soll, stellen sie eine Beziehung her, die eine Erwartung beinhaltet, dass diese Person als steuerndes Objekt Kompetenzen substituiert, die ihnen fehlen oder von denen sie annehmen, dass sie ihnen fehlen. In der Phantasie des phobisch Strukturierten überwacht das steuernde Objekt sein Handeln. Insgesamt kann man sagen, dass das steuernde Objekt Schwächen eines Menschen mit einer phobischen Struktur kompensiert.

Ein Mensch mit einer kontraphobischen Struktur verhält sich insofern spiegelbildlich, als er »mutig« auch dann handelt, wenn es besser wäre, Beratung einzuholen, was er aber als ängstlich empfinden würde. Eigene Schwächen übersieht er eher, in seiner bewussten Phantasie ist er kompetent und stark. Das kann zu Misserfolgen führen. Wenn sie gravierende Auswirkungen haben, kann der kontraphobisch Strukturierte in die phobische Position zurückfallen. Er traut seinen eigenen Kompetenzen nicht mehr, ist aber weniger bereit, Rat und Hilfe einzuholen, als wenn er sich von Anfang an in der phobischen Position befunden hätte. Manchmal werden Misserfolge vermieden, wenn riskante Unternehmungen in Begleitung durchgeführt werden, wobei der Begleitende aber auf gleicher Ebene agieren muss. Er wird »heimlich« als steuerndes Objekt genommen.

Da die Arbeitsstörungen bei *Menschen mit einer hysterischen Struktur vom phallisch-narzisstischen Typ* im Wesentlichen mit einer Überschätzung von Geschlechtseigenschaften zusammenhängen, können sie schwer beeinflusst werden, wenn der oder die Betreffende mit seinem, die eigenen Geschlechtseigenschaften akzentuierenden Verhalten sonst Erfolg hat. Manchmal hilft es jemandem mit einer solchen Struktur, wenn er – oder sie – sich klarmacht, wie einseitig das eigene Wertesystem ist und dass andere, auch wichtige Dinge vernachlässigt werden. Diese Erkenntnis ist ohne interpersonelle Hilfe schwer zu erlangen. Oft kommt es zu einer Neubewertung, wenn Einflüsse des Alterns die sexuelle Attraktivität vermindern. Ob zu dieser Zeit andere Lebensbereiche in den Vordergrund rücken und Anerkennung aus ihnen bezogen werden kann, hängt davon ab, wie stark diese Bereiche vorher ausgebildet waren.

Menschen mit einer hysterischen Struktur vom ödipalen Typ gelangen oft auch erst in fortgeschrittenem Alter zu Neubewertungen. In jüngeren Jahren werden Defizite im Bereich der Ich-Funktionen, die durch eine Entwicklungsstörung zeitlich nach der ödipalen Phase entstanden sind, von der Umwelt oft toleriert, wenn der Betreffende attraktiv ist. Im Alter kann eine Umstellung bei solchen hysterisch Strukturierten vom ödipalen Typ noch gelingen, wenn die bisherige Attraktivität sich nicht auf die äußere Erscheinung beschränkt hat und der oder die Betreffende motiviert ist und Erfolg damit hat, Verhaltensweisen unter Kontrolle zu bringen, die andere stören können, z. B. ein unüberlegt impulsives Handeln oder die Tendenz, anderen Menschen den eigenen Kommunikationsstil aufdrängen zu wollen.

Ältere Menschen mit einer solchen Struktur wechseln im ödipalen Dreieck oft von einer Kindposition in einer Elternposition. Eigene Kinder werden dann besonders wichtig, und sie können schwer losgelassen werden. Einsicht in negative Folgen eines solchen Verhaltens kann zum Verzicht auf Einflussnahme motivieren, was die Beziehung zu den Kindern in der Regel verbessert. Ansonsten hilft beim Menschen mit einer hysterischen Struktur vom ödipalen Typ oft die Zusammenarbeit mit einem zwanghaft Strukturierten.

Arbeiten:

Allein oder zu mehreren

Arbeit in Gruppen

Meist wird bei der Berufswahl berücksichtigt, ob man lieber allein oder lieber zusammen mit anderen arbeitet. In manchen Berufen muss sowohl allein als auch im Team gearbeitet werden, zum Beispiel wenn es um die Konstruktion eines Autos geht, wo ein Konstrukteur vor seinem Computer oder seinem Zeichenbrett sitzt und allein arbeitet, aber auch an Teambesprechungen teilnehmen muss. Ein Arzt auf einer Krankenstation arbeitet allein, wenn er ohne Mithilfe durch andere einen Patienten untersucht oder Arztbriefe schreibt. Er arbeitet aber auch zusammen mit anderen Ärzten, Psychologen, Sozialarbeitern, Krankenschwestern, Krankenpflegern, vielleicht mit Studenten.

Schizoid Strukturierte arbeiten oft gerne allein. Die Nähe anderer Menschen, mit denen sie nicht eine Seelenverwandtschaft verbindet, ist ihnen unangenehm, besonders dann, wenn sie mit ihnen interagieren müssten. Manche schizoid Strukturierte sitzen gern auf einer Caféterrasse und beobachten die Leute, die vorbeiflanieren, ohne mit ihnen interagieren zu müssen. Die einzige Interaktion findet mit der Bedienung statt, und da laufen die Interaktionen nach einem bekannten Schema ab, das sie vorhersehbar macht, was die Nähe-Distanz-Regulation erleichtert. Viele schizoid Strukturierte gehen dann unbefangener mit Leuten um, wenn die Rollen ein bestimmtes Verhalten vorschreiben und das den Interagierenden klar ist. Ein festgelegtes Rollenverhalten ist eher durchzuhalten, wenn die Interagierenden deutlich unterscheidbare Rollen haben, etwa die Rolle von Arzt und Patient. Unter Kolleginnen und Kollegen ist das Rollenverhalten unvorhersehbarer. Nähe und Distanz können schwerer reguliert werden. Viele schizoid strukturierte Ärzte fühlen sich deshalb in Einzelpraxen wohler als im Krankenhaus oder in einer Gemeinschaftspraxis. In einer eigenen Praxis gehen sie mit den Patienten und mit den Helferinnen in klar unterscheidbaren Rollen um. Niemand nimmt die gleiche Rolle ein wie sie.

Narzisstisch strukturierte Menschen brauchen in der Regel eine Art Publikum. Das Publikum hat die Funktion, Beifall zu spenden. Auch wenn formale Rollengleichheit besteht, befinden sich die anderen Menschen, mit denen der narzisstisch Strukturierte umgeht, in seiner Phantasie auf einer anderen Ebene. Wer sich kritische Äußerungen ihm gegenüber erlaubt, wird abgewertet. Wenn die Kritik unwiderlegbar ist, kommt es zu Selbsthass. Auch der Kritisierende wird gehasst, weil er gekränkt hat – und als einer, der Zeuge von Reaktionen des Gekränkten auf die Kränkung ist. Das erschwert die Zusammenarbeit mit Kollegen und Mitarbeitern, die eigene Ansichten von einem Sachverhalt haben und sie in Form von konstruktiv gemeinter Kritik äußern.

Depressiv Strukturierte überschätzen andere Menschen. Oft empfinden sie Menschen, mit denen sie umgehen, gewissermaßen als lebenswichtig. Da depressiv Strukturierte häufig eine schlechte Meinung von sich selbst haben, fühlen sie sich denen gegenüber, denen sie helfen wollen, auf einer niedrigeren Ebene. In einem Team, wo man sich auf gleicher Ebene befindet, suchen sie gute Beziehungen zu allen herzustellen und tun viel für die anderen, wobei ihr Handeln nicht immer den gewünschten Effekt hat. Manche werden durch übertriebenes Entgegenkommen abgestoßen. Der Leiter eines Teams ist für depressiv Strukturierte meist Träger von Über-Ich-Zuschreibungen. Ihm wird zugeschrieben, dass er bezüglich der Arbeitsanforderungen ebenso streng ist wie der depressiv Strukturierte selbst. Liegt die Arbeitsproduktivität des depressiv Strukturierten unter den Anforderungen der Chefs, können die Anforderungen als ungerecht empfunden werden: Man strengt sich doch an. Allein arbeiten depressiv Strukturierte meist ungern. In unbewussten Phantasien fürchten sie, allein »zu verhungern und zu verdursten«.

Zwanghaft Strukturierte arbeiten gerne mit anderen zusammen, vorausgesetzt, dass sich diese nach bestimmten Verhaltensnormen richten, die der Zwanghafte für »richtig« hält. Verstöße dagegen fürchtet er, und Verstöße bekämpft er interpersonell. Er hält am Althergebrachten fest und vertritt in der Regel konservative Positionen. Neues macht ihm Angst. Mit Menschen, die in einer Hierarchie unter ihm stehen, kann der Zwanghafte oft gut umgehen, wenn sie seine übergeordnete Position akzeptieren. Tun sie das nicht, versucht er, die Hierarchie zu reparieren und zu festigen.

Zu erheblichen Problemen kann es auf gleicher Rangebene kommen. Zwanghaft Strukturierte fühlen sich in gleichrangigen Beziehungen unwohl. Sie sind lieber in einer dominierenden Position, ordnen sich aber auch unter, wenn sie die Prinzipien akzeptieren, die von einem Vorgesetzten vertreten werden. Beziehungen von Gleich zu Gleich können sie schwer aushalten. Sie versuchen dann, eine Entscheidung darüber herbeizuführen, wer oben und wer unten ist. Das kann zu aggressiven Auseinandersetzungen in einem Betrieb führen. Andererseits wirken sie stabilisierend, wenn ein Team durch hysterisch strukturierte Teammitglieder vom ödipalen Typ aufgemischt zu werden droht.

Phobisch Strukturierte brauchen Menschen in der Rolle steuernder Objekte. In manchen Beziehungen übernehmen sie selbst diese Rolle. Das ist dann eine Art von Beziehung, die sie aus der Position des Gesteuerten kennen und mit der sie insofern vertraut sind. Interpersonelle Konflikte scheuen sie. Es kann durchaus sein, dass sie sich wegen interpersoneller Konflikte, die sie schwer aushalten können, aus einem Team äußerlich oder nur innerlich zurückziehen. Entweder verlassen sie das Team oder sie streben die Rolle eines blinden Passagiers an, der in die Konflikte nicht einbezogen wird.

Kontraphobisch Strukturierte neigen zu »mutigen« Aktionen, die auf andere leichtsinnig wirken. Zu solchen Aktionen wollen sie auch ein Team animieren. Hier können zwanghafte Teammitglieder ausgleichend wirken.

Hysterisch Strukturierte vom phallisch-narzisstischen Typ brauchen wie die narzisstisch Strukturierten besondere Anerkennung. Je höher der Rang der Anerkennenden oder Bewundernden ist, desto mehr Gewicht haben Anerkennung oder Bewunderung. Anerkennende oder Bewundernde werden als Personen erlebt, manche auf gleicher Ebene, anders als bei narzisstisch Strukturierten. In der Zusammenarbeit wirkt es sich ungünstig aus, dass sachliche Motive bei der Arbeit gegenüber dem Wunsch, wegen männlicher oder weiblicher Eigenschaften bewundert zu werden, in den Hintergrund treten.

Phallisch-narzisstisch Strukturierte inszenieren Konkurrenzsituationen. Zum Beispiel kann in einem Gremium, wo bei Anwesenheit eines phallisch-narzisstisch strukturierten Mitglieds viel Konkurrenz auftritt, Ruhe und Sachlichkeit einkehren, wenn dieses Mitglied an einer Sitzung nicht teilnimmt. Zu Streitigkeiten und gegenseitigen Abwertungen kann es auch kommen, wenn phallisch-narzisstische Frauen, die männlich identifiziert sind, im gleichen Team mit Frauen arbeiten, die mit der klassischen weiblichen Rolle identifiziert sind. Sie haben unterschiedliche Vorstellungen davon, wie eine Frau sich verhalten soll.

Hysterisch Strukturierte vom ödipalen Typ sind meist ungern allein. Das liegt am »Histrionischen«, also Schauspielerhaften ihres Verhaltens, das damit zusammenhängt, dass sie als Kinder die Rolle eines Elternteils »spielen« wollten oder konnten, ohne die Voraussetzungen bezüglich eines passenden Alters und erwachsener Kompetenzen. Sie möchten gern ein ödipales Dreieck inszenieren, wozu sie entsprechende Personen brauchen.

Eine Verhaltenskomponente in einem ödipalen Dreieck ist ebenfalls das *Rivalisieren.* Im positiven Ödipuskomplex wird mit dem gleichgeschlechtlichen Elternteil rivalisiert; im negativen Ödipuskomplex mit dem gegengeschlechtlichen. Rivalität ist Bestandteil der Inszenierung. Ziel der Inszenierung ist aber nicht, bezüglich der Geschlechtseigenschaften anerkannt zu werden. Angestrebt wird eine Partnerschaft, wobei eine andere Person aus ihrer Beziehung zum gewünschten Partner verdrängt werden soll. Hier wird mehr an Beziehung erwartet, als phallisch-narzisstische Menschen anstreben würden.

Das ödipale Dreieck ist eine Beziehungskonstellation, in der interpersonelle Konflikte stattfinden. In einem Team beschränken sich diese oft nicht auf die Personen, die das ödipale Dreieck bilden. In einem Team kann es zur Parteienbildung kommen; die einen stehen mehr zu einem »Elternteil«, andere mehr zum »Kind«. Oft wird von hysterisch Strukturierten vom ödipalen Typ eine Beziehung zum Chef angestrebt, wobei dessen, im Betrieb nicht anwesende Frau eine Position im ödipalen Dreieck einnimmt. Beziehungen zu einer Chefin werden von Männern meist weniger auf ödipaler Ebene als auf präödipaler Ebene gesucht. Ein Mann will dann oft »gefüttert« und versorgt werden.

Frauen wünschen zu einer Chefin oft eine Beziehung auf der Ebene des negativen Ödipuskomplexes. Männer können zum Chef ebenfalls eine Beziehung auf dieser Ebene wünschen. Daran werden sie häufiger durch Homosexualitätsangst gehindert, als dies bei Frauen der Fall ist.

Unterschiedliche Charakterstrukturen können Konflikte verursachen, Menschen mit unterschiedlichen Charakterstrukturen können sich aber auch ergänzen: *Schizoid Strukturierte* entwickeln oft originelle Ideen. Das wird dadurch erleichtert, dass sie sich wenig an der bestehenden Realität oder an Traditionen orientieren. Schizoid Strukturierte werden einen von ihnen vorgeschlagenen Weg zum Lösen einer Aufgabe selten damit begründen, dass man das schon immer so gemacht hat. In der Kooperation mit Kolleginnen oder Kollegen, die eine zwanghafte, eher konservative Struktur haben, kommen sie in der Verwirklichung ihrer Ideen oft weiter, als wenn sie es allein versucht hätten. Der Zwanghafte ergänzt sie um den Realitätsbezug.

Bei komplementären Partnerwahlen im Privatleben kommt es darauf an, ob sich die beiden Partner aufeinander zuentwickeln oder nicht. Das ist auch im Berufsleben der Fall. Allerdings dauern die Beziehungen an einem Arbeitsplatz selten so lange wie oft im Privatleben. Die Mitarbeiter eines Betriebes werden dazu angehalten, aufeinander einzugehen und zu kooperieren. Das kann Adaptationsprozesse beschleunigen.

Narzisstisch Strukturierte werden im Umgang mit anderen Menschen durch ihre Kränkbarkeit behindert. Es kränkt sie schon, wenn sie von anderen Menschen realistisch eingeschätzt werden. Die übersteigerte Selbsteinschätzung kann aber so stabil sein, dass andere Menschen im Vergleich als unbedeutend erscheinen, und das gilt auch für deren Kritik (»der Hund bellt, die Karawane zieht weiter«).

Narzisstisch Strukturierte lernen meist, ihre Mitarbeiter und Kollegen zu manipulieren. Sie beobachten oft genau und lernen, wie Menschen *reagieren*. Dann können sie deren Ressourcen für sich nutzbar machen. Solche Beziehungen sind im Berufsleben oft über lange Zeit stabil.

Depressiv Strukturierte findet man gehäuft in den so genannten helfenden Berufen. Sie möchten für andere Menschen da sein und für sie arbeiten. In der Psychotherapie spricht man oft von einer Helferhaltung, was eigentlich nicht korrekt ist. Die Helferhaltung hat eher etwas mit der Zwangsstruktur zu tun. Der Helfer gewinnt Macht über den, dem er hilft. Bei depressiv Strukturierten wäre es richtiger, von einer »Opferhaltung« zu sprechen. Depressiv Strukturierte in den so genannten helfenden Berufen opfern ihre eigenen Interessen und ihre Freizeit im Einsatz für ihre Klienten oder Patienten.

Dabei ist ihre Arbeit nicht immer effektiv. Je größer der depressive Strukturanteil ist, desto stärker ist die Initiative blockiert. Das schränkt die Arbeitsproduktivität ein. Meist tun sie, was ihr Gewissen ihnen befiehlt. Freude an der Arbeit im Sinne von Funktionslust findet man bei ihnen selten.

Depressiv Strukturierte neigen dazu, mehr zu arbeiten als andere, in der Erwartung, dass es anerkannt wird. Darüber hinaus möchten sie für ihre Arbeit geliebt werden. Das funktioniert aber nicht. Für Arbeit kann man dankbar sein, oder man kann sich über die Ergebnisse freuen. Liebe entsteht aus persönlicher Sympathie, wobei die Partnerwahl durch die bisherigen Lebenserfahrungen mitbestimmt wird, die in der inneren Welt eines jeden Menschen gespeichert sind. Oft werden auch Menschen geliebt, die sich abweisend verhalten und nichts für den Liebenden tun. Depressiv Strukturierte wollen nicht nur im Privatleben geliebt werden, sondern auch im Beruf. Dafür tun sie viel. Das kann bis zur Erschöpfung führen. Depressiv Strukturierte sind besonders Burnout-gefährdet.

Geht es etwa um die Verteilung der Urlaubstermine, treten depressiv Strukturierte oft hinter die anderen zurück. Auch unbeliebte Arbeitszeiten übernehmen sie, ohne zu klagen, aber in der stillen Erwartung, dass ihnen das gedankt wird. Auch wenn es ihnen nicht gedankt wird, können sie sich ausreichend belohnt fühlen, wenn eine Person, der sie einen Gefallen getan haben, diese Vorteile genießt. Sie freuen sich dann mit, im Sinne einer altruistischen Abtretung.

Manche depressiv Strukturierte erwarten aber nichts, das Zurückstellen eigener Interessen hat sich automatisiert. Sie fühlen sich dann aber oft ausgenutzt.

Die Charaktereigenschaften eines *zwanghaft strukturierten Menschen* manifestieren sich relativ unabhängig davon, ob die Beziehungen privat oder beruflich sind. Viktor von Bülow (Loriot) hat das in dem Film *Papa ante Portas* dargestellt: Ein zwanghafter Angestellter eines Möbelhauses wird entlassen und verhält sich zuhause ebenso wie in dem Möbelhaus.

Im Beruf wie im Privatleben achten zwanghaft Strukturierte sehr darauf, dass alles ordentlich abläuft. Oft kultiviert der Zwanghafte eine dysfunktionale Genauigkeit. Man spricht von Pedanterie als durchgehendem Charakterzug, der sich in jeder Lebenssituation bemerkbar machen kann. Im Berufsleben brauchen zwanghaft Strukturierte anders Strukturierte als Gegenpart, wenn ihr Arbeitsbereich nicht stagnieren soll. Oft eignen sich hysterisch Strukturierte vom ödipalen Typ.

Zwanghaft Strukturierte rufen oft Autoritätsproteste hervor, wenn sie sich in einer Vorgesetztenposition befinden. Andererseits werden Zwanghafte wegen ihrer Verlässlichkeit und der Vorhersehbarkeit ihres Handelns geschätzt. Hier stehen sie im Gegensatz zu Menschen mit einer hysterischen Struktur vom ödipalen Typ, die schwer vorhersehbar handeln.

Zwanghafte und schizoid Strukturierte unterscheiden sich in ihrem Umgang mit Details: Der schizoid Strukturierte übersieht sie gern, der zwanghafte Strukturierte beachtet sie genau. Der schizoid Strukturierte sieht die Gemeinsamkeiten, der zwanghaft Strukturierte die Unterschiede. Auch hier kann eine Kooperation sinnvolle Ergebnisse zeitigen.

Menschen mit einer *phobischen Struktur* suchen nach Beziehungen, in denen das Gegenüber sich in der Position eines steuernden Objekts befindet. Manchmal nehmen sie selbst eine solche Position ein. Meist sind sie gute Zweite. Aus der Abhängigkeit von einem steuernden Objekt resultiert ein Wunsch nach Harmonie in der Beziehung zu steuernden Objekten. Dieser Wunsch nach Harmonie bewirkt, dass sich phobisch strukturierte Menschen ausgeprägte Kompetenzen darin erwerben, Harmonie herzustellen. Diese Kompetenzen können in einem Team nützlich sein. Konflikten weichen phobisch Strukturierte gerne aus. Das macht sich ungünstig bemerkbar, wenn es besser wäre, die Konflikte anzusprechen und auszutragen. Phobisch Strukturierte können Arbeitsstörungen entwickeln, wenn ein steuerndes Objekt verlorengeht und ein Ersatz nicht möglich ist.

Phobisch Strukturierte in leitenden Positionen geraten in Schwierigkeiten, wenn rasche Entscheidungen zu treffen sind, bei denen keine Zeit zur Beratung bleibt. Ein Vorzug phobisch strukturierter Menschen ist, dass sie nicht beratungsresistent sind. Vernünftige Verbesserungsvorschläge kränken sie in der Regel nicht.

Kontraphobisch strukturierte Menschen verhalten sich zu den phobischen spiegelbildlich. Sie wollen mutig selbst entscheiden und sind oft beratungsresistent.

Hysterisch strukturierte Männer vom phallisch-narzisstischen Typ und *männlich identifizierte Frauen dieses Typs* demonstrieren von ihnen gewünschte Geschlechtseigenschaften und konkurrieren darin. Das gilt auch für Frauen, die mit der klassischen weiblichen Rolle identifiziert sind. Bei ihnen bezieht sich die Konkurrenz auf Eigenschaften und Verhaltensweisen, die als Merkmale des klassischen Frauenbildes gelten. Phallisch-narzisstische Männer konkurrieren mit anderen Männern und mit männlich identifizierten phallisch-narzisstischen-Frauen. Phallisch-narzisstische Männer und phallisch-narzisstische Frauen, die mit der klassischen weiblichen Rolle identifiziert sind, können gut miteinander auskommen. Sie fühlen sich durch das jeweilige Gegenüber bestätigt.

Menschen mit einer hysterischen Struktur vom ödipalen Typ inszenieren ödipale Dreiecke. Zu Vorgesetzten, die sie teils unbewusst, teils bewusst in einer Elternrolle phantasieren, wird eine enge Beziehung gesucht, wobei Rivalen beiseite gedrängt oder eliminiert werden sollen. Für ein Betriebsklima wirkt sich das Inszenieren solcher ödipaler Dreiecke meist ungünstig aus.

In Therapien habe ich mehrmals den Fall gehabt, dass ein Patient die Sekretärin seines Chefs für sich gewinnen wollte. Es kann einen Chef in seiner Arbeit erheblich behindern, wenn seine Sekretärin sich mit einem Mitarbeiter in eine Liebesbeziehung einlässt und es im Gefolge zu Konflikten zwischen den drei Personen kommt, die das ödipale Dreieck bilden.

Weibliche Chefs werden meist eher in der Rolle einer präödipalen Mutter gesehen, die versorgen und sich kümmern und tolerant sein soll.

Die für eine hysterische Struktur vom ödipalen Typ charakteristischen Hemmungen der Ich-Entwicklung, die Impulskontrolle, Frustrationstoleranz, Affekttoleranz und planendes Denken betreffen, wirken sich im Allgemeinen ungünstig aus. Die »Spontaneität« von Menschen mit einer hysterischen Struktur dieses Typs kann von anderen Menschen positiv erlebt werden, aber auch nerven oder schaden, wenn den Betreffenden Missgeschicke passieren, weil sie nicht genügend nachdenken, ehe sie handeln. Eine schwach ausgebildete Frustrationstoleranz kann bewirken, dass der oder die Betreffende bei der Arbeit wenig Durchhaltevermögen zeigt. Hysterisch Strukturierte vom ödipalen Typ lassen sich auch leicht ablenken, was bewirken kann, dass sie die Arbeit vernachlässigen oder abbrechen. Neben den unmittelbaren Folgen für die Arbeit kommt es oft zu Störungen der Kooperation.

Zwanghafte Teammitglieder können die hysterischen vom ödipalen Typ bremsen und »bei der Stange halten«, so dass unter dem Strich doch ein positives Ergebnis herauskommt und ein Team von den Einfällen des hysterisch Strukturierten, die interessant und weiterführend sein können, profitiert.

Strukturen von Gruppen

Der Gruppenanalytiker Argelander (1972) hat beschrieben, dass Gruppen sich so verhalten können, als hätten alle Teilnehmer eine bestimmte Charakterstruktur. Ich habe das ebenfalls beobachtet. Geschlossene Therapiegruppen machen eine Entwicklung durch, in der sie verschiedene Entwicklungsstadien durchlaufen, bis sie schließlich in eine ödipale Entwicklungsphase gelangen (König 1976). Das Erleben und Verhalten der Gruppenmitglieder kann aber durch eine Mehrheit so beeinflusst werden, dass deren Kommunikationsstil sich allgemein durchsetzt. Sogar eine Minderheit von Mitgliedern kann ihre Struktur durchsetzen, wenn die Mitglieder eine hohe interaktionelle Potenz haben. Damit meine ich das Maß an Einfluss, den eine Person in einer bestimmten Gruppe ausüben kann.

Meine Erfahrungen in Teamsupervisionen haben gezeigt, dass nicht nur Therapiegruppen, sondern auch Gruppen in Institutionen und Betrieben eine bestimmte Struktur haben können. Das kann zum Beispiel für das Team auf einer Krankenstation gelten. Ich beschreibe hier die Verhältnisse in einer Therapiegruppe, die aber mutatis mutandis auf Gruppen in anderen Settings übertragen werden können.

In einer *»schizoid« strukturierten Gruppe* kommt das Gespräch schwer in Gang, weil immer mit etwas Wesentlichem begonnen werden soll. Meist bewegt sich das Gespräch auf einer abstrakten Ebene und bezieht sich auf Grundsätzliches, und wenn es in der Gruppe um einzelne Personen geht, interessiert auch wieder das auf den »Menschen an sich« beziehbare Verhalten.

In der Anordnung der Sitzgelegenheiten zeigen sich Probleme bezüglich Nähe und Distanz. Die Mitglieder einer »schizoid« strukturierten Gruppe können versuchen, die Abstände zwischen den Sitzen zu vergrößern, sie können aber auch größere Nähe herstellen wollen durch ein Zusammenrücken der Stühle oder Sessel. Manchmal wechseln die Abstände zwischen den Sitzungen. Es kommt häufiger als in anderen Gruppen vor, dass jemand seinen Sessel aus dem Kreis zurückschiebt, um den Abstand zu den Nachbarn zu vergrößern. Auch kommt es vor, dass ein Mitglied einfach wegbleibt, ohne zu meinen, dass das anderen in der Gruppe etwas ausmachen könnte. Individuen gelten in solchen Gruppen nicht viel. Die Gruppenkohäsion wird durch eine gemeinsame Aufgabe (nicht durch die gemeinsame Arbeit) hergestellt. Wenn jemand meint, dass er für die nächste Sitzung nicht wichtig sei, denkt er, er könne fortbleiben.

Mitglieder einer *»narzisstisch strukturierten« Gruppe* legen Wert darauf, zu einer guten Gruppe zu gehören. An Kliniken, wo mehrere Gruppen nebeneinanderlaufen, wird aber kein Vergleich gesucht, wie das bei einer phallisch-narzisstischen Gruppe der Fall wäre. Man weiß eben, dass man gut ist. Das will man nicht von außen infrage stellen lassen.

Narzisstisch Strukturierte legen oft Wert darauf, Kränkungen zu vermeiden. Gekränkte kann man schlecht beeinflussen. Konfrontationen, die in »schizoiden« Gruppen einfach passieren, werden in einer »narzisstischen« Gruppe oft geschickt vermieden. Wie man das macht, demonstrieren die von Haus aus narzisstischen Gruppenmitglieder. Kommt es doch zu Kränkungen, ist die Kohäsion der Gruppe gefährdet. Beendet ein Gruppenmitglied die Teilnahme unerwartet, aber aus plausiblen Gründen, gefährdet das die Gruppe. Es fehlt der Gruppe quasi ein Körperteil und es kann sein, dass sich die Gruppe dann auflöst.

In *»depressiv« strukturierten Gruppen,* die in Ausbildungen von Helfern häufig sind, weil diese psychische Struktur bei ihnen häufig ist, steht meist ein Mangel an Initiative im Vordergrund. Die Gruppe sucht nach strukturierten Aufgaben, weil das Initiative ersparen kann. Das ist einer der Gründe, warum es zu einem Turn-Taking kommen kann: In jeder Gruppensitzung stellt sich ein Mitglied als Patient zur Verfügung, der von den anderen therapiert wird. Man weiß, was zu tun ist, und muss nicht herausfinden, was in der Gruppe anliegt.

Regression ist in solchen Gruppen besonders problematisch, wenn sie die Passivität verstärkt. Es kann dann für den Leiter schwierig sein, die Gruppe wieder in Gang zu bringen. Eine depressiv strukturierte Gruppe füttert sich gegenseitig und erwartet Fütterung vom Leiter, der auch die Initiative in der Gruppe übernehmen soll. War die Gruppe aktiv und hat man ernsthaft gearbeitet, können die Gruppenmitglieder auch dann zufrieden sein, wenn wenig herausgekommen ist: Man hat sich bemüht. In einer depressiven Gruppe haben die einzelnen Mitglieder auch Probleme damit, Zeit für sich in Anspruch zu nehmen – vielleicht brauchen ja andere Gruppenmitglieder die Zeit nötiger.

Eine *»zwanghaft« strukturierte Gruppe* versucht, sich ebenfalls von Anfang an eine Struktur zu geben, zum Beispiel auch in der Form des Turn-Taking. Kommt ein Thema in der Gruppe auf, sollte es systematisch und vollständig bearbeitet werden. Die Gruppenmitglieder möchten etwas produzieren, Arbeitsergebnisse sehen, die sie aber nicht überraschen sollen. Im Grunde erwartet man eine Bestätigung dessen, was irgendwie schon gewusst wird. Die Tendenz zwanghafter Menschen, den Abwehrmechanismus »Isolierung aus dem Zusammenhang« anzuwenden, zeigt sich in einer Tendenz, verschiedene Aspekte eines Themas getrennt zu halten, nach dem Motto: »Das hat mit unserem Thema doch nichts zu tun.« Wird deutlich, dass Sachverhalte Gemeinsamkeiten aufweisen, wird nach Unterschieden gesucht, um die Gemeinsamkeiten einzuschränken oder zu widerlegen. Isolierungen vom Affekt tragen dazu bei, dass Diskussionen sachlich, aber langweilig sind. Ordnung geht vor Kreativität, weil man ja nicht weiß, was sich aus etwas Neuem noch entwickeln könnte.

»Phobisch« strukturierte Gruppen suchen Harmonie herzustellen, wobei dem Leiter meist die Rolle des steuernden Objekts zugedacht ist. Hält er sich in der Gruppe aber zurück, kann ein anderes Gruppenmitglied in diese Rolle gedrängt werden. Die Arbeit der Gruppe wird sehr gestört, wenn das steuernde Objekt die Erwartungen nicht

erfüllt oder keines gefunden wird. Dann tritt Ängstlichkeit auf. Die »phobisch« strukturierte Gruppe ähnelt in ihrer Initiativlosigkeit dann einer depressiven Gruppe. Tatsächlich werden Initiativen generiert, und sie kommen dem Bewusstsein nähern als bei depressiv Strukturierten, manchmal werden sie sogar bewusst. Sie lösen aber Angst aus, sodass sie nicht in Handeln umgesetzt werden.

»Kontraphobisch« strukturierte Gruppen verhalten sich insofern spiegelbildlich, als sie auf ein steuerndes Objekt gerade verzichten und die Dinge selbst in die Hand nehmen wollen. Interpersonell wird viel gewagt. Hat das ungünstige Folgen, zum Beispiel dass ein Gruppenmitglied abbricht oder einen Suizidversuch macht, kippen solche Gruppen leicht in ein phobisches Verhalten, das sie vorher kontraphobisch überdeckt haben. Dann kann die ganze Gruppe von Ängstlichkeit beherrscht werden, vielleicht löst sie sich nach einer länger dauernden inaktiven Phase auf.

In *»hysterischen« Gruppen vom phallisch-narzisstischen Typ* werden Geschlechtseigenschaften demonstriert. Das geschieht unter anderem in einem betont männlichen oder betont weiblichen Verhalten in den Interaktionen. Phallisch-narzisstische Männer und männlich identifizierte phallisch-narzisstische Frauen konkurrieren stark miteinander und untereinander, was die produktive Arbeit fördern, aber auch behindern kann, wenn sich die Interaktionen auf Konkurrenz einengen. Manchmal bilden sich komplementäre Beziehungen der phallisch-narzisstische Männer zu den weiblich identifizierten phallisch-narzisstischen Frauen, in denen demonstriert wird, wie man als Mann oder Frau mit Frauen oder Männern umgehen sollte.

Die männlich identifizierten phallisch-narzisstischen-Frauen schlagen sich bei Konflikten in der Gruppe meist auf die Seite der phallisch-narzisstische Männer, fühlen sich von ihnen aber oft wenig anerkannt, was ja auch zutreffen kann, weil die phallisch-narzisstischen Männer ein komplementäres Verhalten von den Frauen in der Gruppe erwarten. Es kommt insgesamt dazu, dass das Gespräch auf

Fragen der Geschlechtsunterschiede eingeengt wird, auch das nonverbale Verhalten. Andere Themen werden vernachlässigt.

In *»hysterisch« strukturierten Gruppen vom ödipalen Typ* werden ödipale Dreiecke inszeniert, in die der Gruppenleiter oder die Gruppenleiterin meist einbezogen wird. Die Gruppenleiterin darf dabei ein gewisses Alter nicht überschritten haben. Ältere Frauen bieten eher Übertragungsauslöser für eine präödipale Mutter. Achten sie auf das Einhalten von Regeln in der Gruppe, können sie auch Übertragungsauslöser für Vaterübertragungen bieten. Als präödipale Mütter können sie gewünscht, aber auch gefürchtet werden.

Befinden sich ein Mann und eine Frau in der Gruppe in leitenden Positionen, z. B. als Co-Leiter einer Therapiegruppe oder in der Rollenverteilung Stationsarzt und zweite Assistenzärztin oder Stationsschwester auf einer Krankenstation, kommt es oft zu Übertragungen eines ödipalen Elternpaares auf die beiden.

Hysterisch strukturierte Menschen vom ödipalen Typ neigen zu einem impulsiven Verhalten, das ohne ein Gegengewicht zwanghafter Mitglieder zu therapeutisch unzweckmäßigen Grenzüberschreitungen führen kann. Ein solches Verhalten wird aber in hysterisch strukturierten Gruppen vom ödipalen Typ gefordert. Zum Beispiel wird die Regel, nur zu sprechen und keine sonstigen Aktionen durchzuführen, oft nicht eingehalten. Die Arbeit in der Gruppe hat etwas Sprunghaftes. Im Gegensatz zu den »zwanghaft« strukturierten Gruppen wird ein Thema nur kurz angeschnitten, dann soll etwas Neues präsentiert werden.

Andere »hysterisch« strukturierte Gruppen vom ödipalen Typ orientieren sich stark am Verhalten des Gruppenleiters. Sie wollen gute Patienten und gute Patientinnen seien. Scheint der Gruppenleiter Freude daran zu haben, wenn die Gruppe sich kreativ und witzig verhält, streben sie nach Kreativität und Witz. Das kann die therapeutische Arbeit befruchten, aber auch behindern.

Untergruppen verschiedener Struktur

Im Kapitel über die Arbeit in Gruppen habe ich einzelne Beispiele dafür gebracht, wie Menschen verschiedener Strukturen in Gruppen zusammenarbeiten können. Hier folgen weitere Hinweise.

Ähnlich wie in Zweierbeziehungen, wo eine Partnerwahl bezüglich der Charakterstruktur nach dem Ähnlichkeitsprinzip oder nach dem Ergänzungsprinzip getroffen werden kann, also nach dem Motto »gleich und gleich gesellt sich gern« oder »Gegensätze ziehen sich an«, können sich Gruppen bilden, deren Mitglieder in ihrer Struktur einander ähnlich sind und mit Personen oder Untergruppen bevorzugt interagieren, die eine andere Struktur haben. Gruppen können sich nach dem Ähnlichkeitsprinzip zusammenfinden und dann nach einem Gruppenleiter suchen, wie ich das im Selbsterfahrungsbereich kennengelernt habe. Die Mitglieder sind dann meist strukturell ähnlich. Sonst werden Therapiegruppen ja meist vom Gruppenleiter zusammengestellt, und wenn die Zahl der Interessenten es gestattet, versuchen die meisten Gruppentherapeuten, eine »gute Mischung« herzustellen. Ob jemand lieber strukturell unterschiedliche oder ähnliche Mitglieder in seiner Gruppe haben möchte, hängt auch davon ab, nach welchem Konzept er arbeitet. Argelander (1972) sah die Gruppe als Ganzes und therapierte sie wie eine Person. Ich selbst arbeite mehr an den Interaktionen der Gruppenmitglieder untereinander. Deshalb favorisiere ich eine gemischte Zusammensetzung. Selbsterfahrungsgruppen in Workshops, bei denen keine Vorgespräche stattfinden, kommen bezüglich der Charakterstrukturen nach dem Zufallsprinzip zu Stande.

Wird die Zusammensetzung der Gruppe in Betrieben oder Institutionen durch eine Person bestimmt, zum Beispiel in Einstellungsgesprächen, hat diese Person naturgemäß Einfluss auf die Zusammensetzung der Gruppen, die in dem Betrieb arbeiten. Das kann zu Einseitigkeiten führen.

Zusammensetzungen von Gruppen, *bei denen mindestens zwei gegensätzliche Strukturen vorhanden sind,* findet man häufig. Wie in Zweierbeziehungen kann sich das günstig oder ungünstig auswirken. Mitglieder können von anderen mit einer komplementären Struktur profitieren, wenn sie das Spektrum ihres Erlebens und Verhaltens durch Identifizierungen mit komplementären Strukturen erweitern können. Menschen mit der gleichen Struktur können voneinander lernen, wie der jeweils Andere mit der gleichen Struktur in anderen oder den gleichen Lebensverhältnissen zurechtkommt, welche Schwierigkeiten sich zeigen und – oft auch – wie sie bewältigt werden können.

Die Interaktionen in einer Gruppe können allerdings auch längere Zeit durch Streitigkeiten um den Interaktionsstil bestimmt sein, wie das ja in Paarbeziehungen oft der Fall ist. Ungünstig wirkt sich das aus, wenn niemand da ist, der die Kompetenz und den *Auftrag* hat, das Verhalten der Gruppenmitglieder zu interpretieren. In einer Therapiegruppe kann das der Gruppenleiter tun, aber auch die übrigen Gruppenmitglieder können sich beteiligen. Hat eine Gruppe nicht die Aufgabe und hat der Leiter eben nicht die Kompetenzen und den Auftrag, die Interaktionen zu interpretieren, kann es sein, dass ein Experte oder ein Expertenteam von außen geholt werden muss.

Häufige *Kombinationen* sind, wie im eingangs erwähnten Kapitel über die Arbeit in Gruppen schon erwähnt, hysterisch vom ödipalen Typ und zwanghaft. Die hysterisch Strukturierten bringen die Einfälle, die zwanghaft Strukturierten achten auf die Ausführbarkeit und helfen bei der Ausführung, wobei sie einen guten Kontakt zur Realität halten. Das ist im günstigen Falle so, in ungünstigen Fällen kommt es im Vorfeld zu einem Überwiegen der immobilisierenden Einflüsse von Menschen mit zwanghafter Struktur oder zum Versuch einer Durchführung chaotischer Projekte, die scheitern.

Ein anderes *Gegensatzpaar* ist schizoid und zwanghaft – die schizoid Strukturierten kümmern sich wenig um Details und mehr um

Zusammenhänge, die zwanghaft Strukturierten kümmert sich mehr als die schizoid Strukturierten um unterscheidende Details und übersehen Zusammenhänge. Schizoid Strukturierte merken oft nicht, dass wichtige Details einen Zusammenhang infrage stellen. Zwanghaft Strukturierte stellen vorhandene Zusammenhänge infrage, weil irrelevante Details nicht passen. Da kommt es wieder darauf an, ob man voneinander lernen kann oder auf der eigenen Sichtweise beharrt.

Kombinationen zwischen der schizoiden oder der narzisstischen Struktur einerseits und der depressiven Struktur andererseits spielen oft in Gruppen eine Rolle, die sich aus Angehörigen helfender Berufe zusammensetzen. Der schizoid Strukturierte möchte autark, also von den Objekten unabhängig sein, was für ihn einen besonderen Wert darstellt, während depressiv Strukturierte Beziehungen zu den Objekten anstreben und sich von ihnen abhängig fühlen. Depressive Strukturen oder Strukturanteile finden sich bei den Angehörigen helfende Berufe ja häufig. Sie fördern das Interesse an Menschen, erhöhen aber die Gefahr krankmachender Selbstausbeutung. Schizoid Strukturierte, die Menschen helfen möchten, widmen sich eher der Umgestaltung sozialer Strukturen mit Folgen für Menschen der Zukunft, weniger für Menschen der Gegenwart. Depressiv Strukturierte können schizoid Strukturierte dazu anhalten, sich auch für jene Menschen einzusetzen, die aktuell Hilfe benötigen, während schizoid Strukturierte die depressiv strukturierten Mitglieder eines Teams an krankmachender Selbstausbeutung hindern können, zu der sie die Hilfsbedürftigkeit aktueller Klienten anregen kann.

Narzisstisch Strukturierte sind in den helfenden Berufen vergleichsweise selten, weil sie nicht genug Interesse an Menschen als Personen aufbringen. In einem Betrieb kann es Gegensätze geben, deren Pole von depressiv Strukturierten auf der einen Seite und narzisstisch Strukturierten auf der anderen Seite dargestellt werden. Es kann sich zum Beispiel um *Gegensätze* zwischen der Sorge für die Mitarbeiter und betrieblichen Anforderungen handeln, die zum Ziel haben, dass sich das Unternehmen auf dem Markt behaupten kann. Dazu wäre es unter Gesichtspunkten der Effizienz das Beste, wenn alle Stellen durch Leute besetzt wären, die für die jeweilige Stelle optimale Voraussetzungen mitbringen. Gehört Jugend zu den förderlichen Eigenschaften auf einer bestimmten Stelle, sollte sie immer von einem jungen Mitarbeiter besetzt sein. Wird er zu alt, muss er, wenn Effizienz im Vordergrund steht, im Betrieb auf eine andere Stelle versetzt oder entlassen werden. Ein narzisstischer Personalchef, der dazu neigt, Menschen als »Figuren« anzusehen, wobei nur ihre Funktion im Betrieb wichtig ist, steht dann vielleicht in einem Gegensatz zu einem eher depressiv strukturierten Leiter des Betriebsrates, der fordert, dass die Mitarbeiter nicht nur als Figuren, sondern auch als Menschen gesehen werden, denen man Versetzung oder Entlassung nicht zumuten dürfe.

Menschen mit einer phallisch-narzisstischen Struktur betonen oft Geschlechtseigenschaften, die mit Tüchtigkeit und Effizienz zusammenhängen. Menschen mit einer depressiven Struktur betonen das, was neben den Geschlechtseigenschaften liegt und für sie eine Beziehung hauptsächlich ausmacht.

Was die phallisch-narzisstischen Strukturen angeht, können sich in einem Team Streitigkeiten zwischen phallisch-narzisstischen Männern und männlich identifizierten phallisch-narzisstischen Frauen entwickeln, wobei die Frauen sich in den »männlichen« Eigenschaften nicht anerkannt fühlen. Weitere Konflikte gibt es zwischen phallisch-narzisstischen Frauen, die männlich identifiziert sind, und denen, die mit dem klassischen Frauenbild identifiziert sind. Wenig Konflikte gibt es zwischen phallisch-narzisstischen Männern und den Frauen, die mit dem klassischen Frauenbild identifiziert sind. Zwischen ihnen und dem phallisch-narzisstischen Männern entstehen eher komplementäre Beziehungen.

Depressiv Strukturierte stehen auf der Seite der mit dem klassischen Frauenbild identifizierten Frauen. Sie richten sich gegen die phallisch-narzisstischen Männer und gegen die Frauen, die männlich identifiziert sind.

Bei der phobischen und der kontraphobischen Struktur handelt sich um zwei *Strukturen, die eng zusammenhängen* und in ihrer Erscheinungsform spiegelbildlich sind. Die phobische Struktur wird durch Angst bestimmt, während die kontraphobische durch Mut bestimmt zu sein scheint. Tatsächlich handelt es sich um zwei Erscheinungsformen der phobischen Struktur. Die kontraphobische Struktur entsteht bei solchen Menschen mit einer phobischen Struktur, die sich schämen, Angst zu haben, und nicht durch Ängste bestimmt sein wollen. In Gruppen fordern kontraphobisch Strukturierte die phobisch Strukturierten auf, sich mutiger zu verhalten und etwas zu wagen. Solche Aufforderungen haben oft Erfolg, wenn sich der Ratschläge gebende Kontraphobische aus der Sicht des phobisch Strukturierten als steuerndes Objekt anbietet. Die phobisch Strukturierten versuchen wiederum, kontraphobisch Strukturierte von deren riskanten Unternehmungen abzuhalten. Hier kann es zur Annäherung mit einem positiven Ergebnis kommen: Die phobisch Strukturierten werden mutiger, die kontraphobisch Strukturierten vorsichtiger. Es kann aber auch sein, dass der phobisch Strukturierte unter dem Einfluss des kontraphobisch Strukturierten mit einer gewagten Unternehmung Schiffbruch erleidet und das für beide nachteilige Folgen hat. Der phobisch Strukturierte wird noch ängstlicher, der kontraphobisch Strukturierte kann in die ursprüngliche Form seiner phobischen Struktur zurückfallen und ängstlich werden.

Insgesamt können sich alle strukturellen Gegensätze in Gruppen positiv oder negativ auswirken. Es kommt, wie in Paarbeziehungen, darauf an, ob sich die Menschen mit gegensätzlichen Strukturen aufeinander zubewegen oder ihre Unterschiede betonen, was besonders dann der Fall ist, wenn die Unterschiede ideologisiert worden sind.

Arbeiten: Risiko für die Gesundheit

Unfälle

Die Gefahr, dass jemand einen Arbeitsunfall erleidet, hängt unter anderem von seiner Persönlichkeit ab. Verschiedene Strukturen disponieren auf unterschiedliche Weise zu Unfällen.

Menschen mit einer schizoiden Struktur beachten die äußere Realität wenig. Wer nicht aufmerksam verfolgt, was er tut, ist erhöht unfallgefährdet. So kann man sich in den Finger schneiden, weil man die Bewegungen des Messers nicht aufmerksam beobachtet. Auf einem Kongress, an dem ich teilnahm, erzählt ein Kollege, dass er auf dem Weg zum Kongressort langsam fahren musste, weil alle Autos langsam fuhren. Er hatte nicht bemerkt, dass die Straßen vereist waren, sondern eben nur, dass die Autos langsamer fuhren als sonst.

Menschen mit einer narzisstischen Struktur glauben wegen ihrer, die Einschätzung der eigenen Ressourcen störenden Omnipotenzphantasien, dass sie weniger unfallgefährdet seien als andere. Davon ist zu unterscheiden, dass jemand in einer akuten Gefahr die persönliche Gefährdung leugnet, um handlungsfähig zu bleiben. Von Menschen, die in einem Krieg waren, wird das oft berichtetet. Narzisstisch Strukturierte lassen sich also auf riskante Situationen ein, für deren Bewältigung die Voraussetzungen nicht vorhanden sind.

Geht es gut, nehmen sie das als Bestätigung ihrer Unverwundbarkeit statt zu denken, dass sie noch einmal Glück gehabt haben.

Der *depressiv Strukturierte* riskiert seine Gesundheit und unter Umständen sein Leben, wenn es darum geht, andere zu retten oder ihnen in einer gefährlichen Situation zu helfen. Um sich selbst haben sie weniger Angst als andere. Hier spielt eine Rolle, dass der depressiv Strukturierte sein Selbst für weniger wichtig hält als die äußeren Objekte.

Zwanghaft Strukturierte haben einen hohes Sicherheitsbedürfnis. Daraus resultiert, dass sie im Allgemeinen weniger unfallgefährdet sind. Allerdings sind für sie manche komplexe Situationen, die von anderen überblickt werden könnten, unübersichtlich, weil sie im Straßenverkehr – wie auch sonst – Wesentliches von Unwesentlichem schwer unterscheiden können. In einer komplexen Verkehrssituation beachten sie unwesentliche Details, so dass sie nicht schnell genug auf das Wesentliche reagieren können, zum Beispiel merken sie nicht schnell genug, dass ein anderes Auto in einem Kollisionskurs auf sie zukommt, weil sie von einem unwesentlichen Detail der Verkehrssituation abgelenkt werden.

Mensch mit einer phobischen Struktur fürchten Unfälle aufgrund ihrer allgemeinen Ängstlichkeit (König 1982). Phobisch Strukturierte berichten als erste Kindheitserinnerung oder als eine der ersten Kindheitserinnerungen oft, dass sie einen Unfall hatten, zum Beispiel dass sie von einem Baum gefallen sind. Da sie entweder nicht ausreichend Gelegenheit hatten, durch Versuch und Irrtum zu lernen, weil die Eltern sie ängstlich daran hinderten oder weil die Eltern sie beim Lernen nicht ausreichend begleitet haben, entwickeln sie manche Kompetenzen nicht, die andere Kinder in ihrem Alter erwerben. Den Eltern ist das oft nicht klar. Im Gegenteil, sie sind froh, wenn die Kinder scheinbar ganz von selbst weniger riskieren als andere. Dann kann ja auch weniger passieren.

Im Erwachsenenalter werden dann eher soziale »Unfälle« gefürchtet. Gefürchtet werden Ausgrenzung, andere soziale Sanktionen oder Blamage. Als Erwachsene trauen sich phobisch Strukturierte meist weniger zu, als sie tatsächlich können. Die allgemein verminderte Risikobereitschaft vermindert die Unfallgefahr im Sozialen und auch in Bezug auf Unfälle mit Körperschaden.

Menschen mit einer kontraphobischen Struktur verhalten sich spiegelbildlich insofern, als sie Risiken aufsuchen statt sie zu vermeiden. Ein Unfall kann sie aber dazu bringen, sich in der Folgezeit entsprechend ihrem, unter der überkompensierenden kontraphobische Struktur liegenden phobischen Anteil zu verhalten und dann besonders ängstlich zu sein, was zur Folge hat, dass die Unfallgefahr abnimmt.

Männer mit einer hysterischen Struktur vom phallisch-narzisstischen Typ müssen ein männliches Verhalten demonstrieren. Ein Patient mit einer solchen Struktur erzählte mir, dass er, kein besonders guter Schwimmer, von einem Ufer des Rheins zum anderen geschwommen sei und dabei fast ertrunken wäre, weil ein Freund vorschlug, das zu tun, und er nicht als jemand darstehen wollte, der davor Angst hat. Auch *männlich identifizierte phallische Frauen* können erhöht unfallgefährdet sein. Einer Unfallgefährdung wirkt aber bei phallisch-narzisstischen Männern und männlich identifizierten phallisch-narzisstischen-Frauen entgegen, dass sie Kompetenzen im Bereich von Kraft und Körpergeschick trainieren und deshalb unfallträchtige Situationen besser bewältigen können. *Eine Frau, die sich mit der klassischen weiblichen Rolle identifiziert,* ist trotz weniger Training meist wenig unfallgefährdet. Bei manchen kann die Unfallgefährdung dadurch erhöht werden, dass sie allzu wenig trainieren und dann im häuslichen Bereich Unfälle erleiden, aber auch im außerhäuslichen Arbeitsbereich dort, wo Körpergeschick erforderlich ist. Natürlich hängt das alles davon ab, welches klassische Frauenbild zum Vorbild genommen wird: Geschick kann zum klassischen Frauenbild gehören und ist jedenfalls damit vereinbar, im Unterschied zu so genannter roher Kraft.

Bei einer hysterischen Struktur vom ödipalen Typ kann die Fähigkeit, eine Situation rational zu beurteilen und damit auch ihren Risikogehalt einzuschätzen, schwach entwickelt sein. Urteile gründen sich auf zu wenige Informationen. Es wird »spontan« gehandelt, im Sinne von impulsiv. Das erhöht die Unfallgefahr. Oft kann die Zeitspanne schlecht eingeschätzt werden, die für etwas nötig ist. Das kann dazu führen, dass der hysterisch Strukturierte in gefährliche Situationen gerät. Zum Beispiel unterschätzt er die Zeit, die er in den Bergen braucht, um eine schützende Hütte zu erreichen. Im Arbeitsbereich kann Zeitdruck, durch mangelhafte Vorausschau erzeugt, die Unfallgefahr erhöhen.

Eine Tendenz, ödipale Dreiecke zu inszenieren, wird eher zu gefährlichen sozialen Situationen mit sozialer Unfallgefahr führen als zu Unfallgefahr im konventionellen Sinn.

Anpassungsstörungen

In den Anträgen zur Richtlinienpsychotherapie wird zunehmend die Diagnose »Anpassungsstörung« verwendet. Sie ist in der *Internationalen statistischen Klassifikation der Krankheiten und verwandter Gesundheitsprobleme* (ICD-10) enthalten und meint eine unzureichende Anpassung an äußere Belastungen, woraus eine krankheitswertige Symptomatik entsteht. Bei den Belastungen handelte es sich um solche, die gesündere Menschen in der gleichen Situation ertragen würden, ohne Symptome zu entwickeln. Dazu sind Belastungen zu zählen, die die Qualität eines Traumas erreichen. Dekompensiert jemand unter Arbeitsbedingungen, die von der Mehrzahl psychisch gesunder Menschen ertragen werden, kann das etwas damit zu tun haben, dass das Element der Selbstüberforderung hinzukommt. Kombinieren sich zum Beispiel hohe Arbeitsbelastung und Perfektionismus, sind die Anpassungsmöglichkeiten an die hohe Arbeitsbelastung dadurch eingeschränkt, dass der Betreffende wegen seiner Neigung zum Perfektionismus genauer arbeiten muss als von ihm erwartet wird. Dadurch vergrößert er die Arbeitsbelastung. Es können dann Symptome auftreten. Eine Neigung zum Perfektionismus entsteht unter bestimmten Umweltbedingungen, die in der Familie herrschen, und hat meist mit Perfektionsansprüchen der Eltern zu tun. Sie kann aber auch entstehen, wenn sich die Eltern unordentlich oder sogar chaotisch verhalten, wogegen das Kind angehen will.

Eine andere individuelle Möglichkeit ist, dass jemand sich mehr Arbeit aufbürden lässt als andere, so dass es in der gleichen Firma oder in der gleichen Arbeitsgruppe zu einer ungleichen Verteilung der Arbeit kommt. Nun kann jemand vernünftige oder jedenfalls nachvollziehbare Gründe haben, die Übernahme von Arbeit nicht abzulehnen: Vielleicht ist er neu in Betrieb und noch in der Probezeit; oder er ist auf die Stelle aus Gründen dringend angewiesen, die in seiner Lebenssituation liegen; oder er ist in einem Alter, wo man schwer eine andere Stelle findet. Es gibt aber auch Menschen, die Arbeit nicht ablehnen, weil ihnen Beziehungen besonders wichtig sind und sie andere Menschen, die Arbeit von ihnen erwarten, nicht enttäuschen oder zurückweisen möchten. Man sagt, dass sie nicht »nein« sagen können. Hier handelt es sich um einen Charakterzug, die mit der depressiven Struktur zusammenhängt. Perfektionismus findet man eher auf der Basis einer zwanghaften Struktur.

Andererseits muss beachtet werden, dass die Arbeitsbelastung in ökonomisch schwierigen Zeiten in den meisten Betrieben, die davon betroffen sind, zunimmt, so dass sich mehr Menschen als vorher den Anforderungen nicht anpassen können; weiterhin muss beachtet werden, dass es auch physische Unterschiede zwischen den Arbeitenden gibt und dass die Anpassungsfähigkeit mit zunehmendem Alter abnimmt. Auch können sich berufliche und private Belastungen addieren.

Auch kann jemand durch einen Chefwechsel an die Grenzen seiner Anpassungsfähigkeit gelangen. Der Chef kann mehr Arbeit verlangen als sein Vorgänger, oder es kann ihm unterstellt werden, dass er mehr verlangt. Wenn der Chef gemocht wird und die Arbeitenden von ihm gemocht werden wollen, kann das dazu führen, dass zusätzliche Arbeit klaglos übernommen wird. Der Chef hat dann wegen mangelndem Feedback den Eindruck, dass er seine Mitarbeiter nicht überlastet, obwohl das bereits der Fall ist. Wird der Chef aber abgelehnt, muss der Mitarbeiter gegen einen inneren Widerstand angehen, die Anweisungen des Chefs auszuführen. In beiden Fällen können Übertragungen aus den Beziehungen zu früher geliebten oder abgelehnten Personen dabei eine Rolle spielen.

Zu einer Anpassungsstörung kann es auch führen, wenn der Arbeitende Vorstellungen davon hat, wie die Arbeit im Betrieb organisiert werden sollte, die mit der vorhandenen Organisationsform nicht übereinstimmen. Die Vorstellungen können deshalb realistisch oder unrealistisch sein.

Auch Umorganisationen können belasten, zum Beispiel bei einem Besitzerwechsel des Betriebs oder wenn Berater von außen hinzugezogen werden, um die Arbeit effizienter zu gestalten, und sie die realen Ressourcen der in dem Betrieb Arbeitenden überschätzen, zum Beispiel ihre Möglichkeiten umzulernen.

Probleme gibt es auch im Bereich der allgemeinen Arbeitsmotivation. Menschen arbeiten ja aus verschiedenen Gründen. Im günstigsten Falle steht Funktionslust im Vordergrund. So findet man bei Wissenschaftlern oder Künstlern, die von ihrer Arbeit fasziniert sind, sehr lange Arbeitszeiten. An der Göttinger medizinischen Fakultät sind bei einem Professor Arbeitszeiten von 70 Wochenstunden nicht ungewöhnlich. Die Belastung durch eine Arbeit ist geringer, wenn die Arbeit interessant ist, der Arbeitende die Arbeitsziele wichtig findet und die Arbeit ihm mit ihren Erfolgen narzisstische Zufuhr einbringt. Ist die Arbeit monoton und langweilig, wird sie vom Umfeld nicht für wichtig gehalten und fühlt sich der Arbeitende an seinem Arbeitsplatz austauschbar, wird ihn seine Arbeit mehr belasten.

Die Bezahlung wird in verschiedenen Berufen unterschiedlich erlebt. Die Arbeit eines Kaufmanns wird vielfach nach der Geldmenge beurteilt, die er durch seine Arbeit gewinnt. In verschiedenen Bereichen des kaufmännischen Lebens ist der Stellenwert des Gewinns aber unterschiedlich. Spricht man von einem reichen Kaufmann, meint man zumeist, dass er erfolgreich ist. Es wird aber kaum jemand lobend von einem reichen Arzt oder einem reichen Künstler sprechen. Ärzte und Künstler können viel Geld verdienen, ihr Einkommen wird aber nicht oder kaum zum Maßstab ihrer Arbeit gemacht. Die Bezeichnung »reich« kann bei solchen Berufen eher pejorativ sein.

Verfügt jemand über finanzielle Mittel, die ihm ein Leben ohne Arbeit ermöglichen würden, kann er trotzdem arbeiten, weil er es gerne tut, weil Arbeit ihm Ansehen verschafft oder weil er sich der Gesellschaft verpflichtet fühlt. Die Möglichkeit, eine Arbeit aufzugeben, ohne spürbare finanzielle Nachteile zu erleiden, kann die Belastungsfähigkeit sogar fördern.

Wie belastend eine Arbeit erlebt wird, hängt stark von dem Ansehen ab, das sie genießt. Ärzte genießen meist immer noch ein hohes Ansehen, was ihre Arbeitsfreude steigern kann. Andererseits scheint die Neigung, den Arztberuf zu ergreifen, abzunehmen. Vielleicht hängt das auch damit zusammen, dass Ärzten immer wieder unterstellt wird, sie wollten zu viel Geld für ihre Arbeit. Daneben spielen sicher noch andere Faktoren eine Rolle, wie eine Belastung durch bürokratische Tätigkeiten, die von den Ärzten zunehmend verlangt werden.

Während meiner Tätigkeit am niedersächsischen Landeskrankenhaus Tiefenbrunn bei Göttingen habe ich Patienten aus allen Gesellschaftsschichten kennengelernt. Ich war immer wieder davon beeindruckt, wie groß der Stellenwert des gesellschaftlichen Ansehens bei den Angehörigen der verschiedensten Berufe ist. So innere ich einen Metzger, der extra darauf hinwies, dass er nicht Pferdemetzger sei, sondern Schweine- und Rindermetzger. Sein Hinweis hatte damit zu tun, dass die Pferdemetzger weniger Ansehen genießen als die Schweine- und Rindermetzger. Leider gibt es heute viele Berufe, die wenig Ansehen bringen. Hier hat der Fußball z. B. eine ausgleichende Funktion, wenn sich die Fans mit einer angesehenen Mannschaft identifizieren, besonders natürlich mit ihren Erfolgen.

Von älteren Menschen, die einen Großteil ihres Arbeitslebens in der DDR in im Westen wenig angesehenen Berufen verbracht haben, kann man gelegentlich hören, dass die vom Staat propagierte Hochschätzung des Arbeiters ihre Arbeitsfreude positiv beeinflusst hat.

Burnout – erste Blicke auf ein komplexes Geschehen

Als Burnout wird eine Symptomatik von Krankheitswert bezeichnet, die durch zu viel Arbeit (quantitativer Aspekt) und/oder Arbeit unter erschwerten Bedingungen (qualitativer Aspekt) hervorgerufen wird. Die einzelnen Symptome können auch Krankheitsbildern zugeordnet werden, zum Beispiel treten Symptome einer Depression auf. Für den Burnout charakteristisch ist nicht eine bestimmte Symptomatik, sondern die Entstehungsweise. Der Begriff »Burnout« wurde vom amerikanischen Psychoanalytiker H. J. Freudenberger 1974 eingeführt und zwar ausdrücklich für eine Symptomatik, die durch spezifische äußere Belastungen zu Stande kommt. Ähnlich wie das bei der Bezeichnung »Mobbing« der Fall ist, die von Vielen so gebraucht wird, als hätte der Gemobbte selbst mit dem Mobbing nichts zu tun und die Ursachen lägen bei den Mobbenden allein, hat die Vorstellung, es handele sich nur um äußere Einflüsse, vermutlich dazu beigetragen, dass gegen die Bezeichnung Burnout weniger Einwände von Seiten der Betroffenen vorgebracht werden, als dies bei psychiatrischen Diagnosen der Fall ist.

In den psychiatrischen Diagnostik-Manualen kommt Burnout als Krankheit nicht vor. In DSM-IV erscheint der Begriff »Burnout« gar nicht. Im ICD-10 erscheint er nicht unter den psychiatrischen Diagnosen, sondern im Anhang, wo unter Z.73 auf krankmachende Bedingungen hingewiesen wird, die eine variable Kombination von Symptomen zur Folge haben können.

Auf welche äußere Situation jemand wie reagiert, hängt nun auch mit ihm selbst zusammen. Bücher über Burnout (z. B. Hedderich 2009; auch Burisch 2010), die sich auf praktische Erfahrungen stützen, weisen darauf hin, dass durch Änderungen des eigenen Verhaltens die Gefahr eines Burnout vermindert werden kann und seine Symptome beeinflusst werden können. Sieht man sich die Vorschläge zur Burnout-Bewältigung und zur Burnout-Prophylaxe an, so fällt auf, dass es sich oft um Vorschläge handelt, die man Menschen mit bestimmten Charakterstrukturen geben könnte; zum Beispiel Menschen mit einer depressiven Struktur, die dazu neigen, sich zu verausgaben. Andererseits gibt es Belastungssituationen, die wenige aushalten können, ohne ein Burnout-Syndrom zu entwickeln. Wir haben es mit einer Ergänzungsreihe zu tun. Fälle, bei denen die Ursachen fast nur in der Umwelt liegen, und Fälle, bei denen sie fast ganz bei der Persönlichkeit liegen, sind zwei Pole eines Kontinuums, zwischen denen die Mischformen einzuordnen sind. Welche Symptome bei einem Burnout auftreten, hängt mit der Persönlichkeit zusammen, genauer: mit dem persönlichen Modus der Verarbeitung von Belastungen.

Institutionelle Faktoren spielen oft eine große Rolle. Die Leitung einer Institution gibt Ziele vor und bestimmt meist auch die Wege, auf denen die Ziele erreicht werden sollen. In einer Institution bildet sich mit der Zeit ein implizites und explizites Normensystem, nach dem sich die Mitarbeiter richten und das an solche Mitarbeiter, die neu in den Betrieb oder die Institution eintreten, weitergegeben wird. Auf die Entstehung des Normensystems hat der Leiter erheblichen Einfluss. Es kann bestehen bleiben, wenn er selbst ausscheidet.

Man kann, analog zu den Charaktertypen, von schizoiden, narzisstischen, depressiven, phobischen oder zwanghaften Institutionen sprechen, auch von hysterischen Institutionen vom phallisch-narzisstischen Typ oder von hysterischen Institutionen ödipalen Typs. Argelander (1972) hat Ähnliches für Therapiegruppen beschrieben (siehe Kapitel Struktur von Gruppen). Der »Charakter« von Institutionen wird auch durch den Träger und das Umfeld der Institution beeinflusst, in einem Industriebetrieb etwa durch die Nachfrage nach den hergestellten Produkten und bei einer beratenden oder therapierenden Institution durch Art und Umfang der Klientel.

Die Arbeitsbedingungen können bei einem Arbeitsanfall, der unter normalen Bedingungen zu bewältigen wäre, dessen Bewältigung unmöglich machen. So kann eine Lehrerin in der Lage sein, eine Schulklasse mit einer bestimmten Schülerzahl zu unterrichten. Das kann aber schwer oder unmöglich werden, wenn viele Kinder in der Klasse nicht ausreichend Deutsch sprechen.

Die Arbeitsdichte nimmt vielerorts zu. Für die gleiche Arbeit werden weniger Personen beschäftigt als früher. Dadurch kann es zu einer Überlastung der Arbeitenden kommen. Die sind zwar meist in der Lage, sich den erhöhten Anforderungen ein Stück weit anzupassen, zum Beispiel indem sie schneller, rationeller und zielgerichteter arbeiten. Irgendwann ist der Anpassungsspielraum aber erschöpft.

Fast jeder Mensch hat Vorstellungen davon, wie viel er arbeiten kann. Die in Angriff genommene Arbeitsmenge wird nicht nur von außen vorgegeben, sondern auch von innen. Dabei kann sich jemand überschätzen. Der Betreffende verlangt von sich mehr oder hochwertigere Arbeit zu leisten, als er leisten kann, und mehr oder Hochwertigeres als von Seiten des Betriebes tatsächlich erwartet wird.

Viel Arbeit führt zu einem Burnout, wenn sie *äußeren oder inneren Zwängen* folgt. Arbeitet jemand viel, weil das Arbeiten ihm Spaß macht, kann er ein Schlafdefizit anhäufen und seine privaten Beziehungen vernachlässigen. Ein Burnout tritt kaum je auf.

Menschen mit einer *schizoiden Charakterstruktur* können vor allem dann viel arbeiten, wenn es sich um eine von ihnen hoch bewertete Arbeit handelt. Ob die Arbeit Geld oder Anerkennung einbringt oder Macht verschafft, ist dem schizoid Strukturierten nicht wichtig. Seine Arbeit dient anderen Zwecken. Ein solcher Zweck kann in einem Wunsch nach Erkenntnis liegen, aber auch im Nutzen für »die Menschen« oder »die Menschheit«. Im Unterschied zum depressiv Strukturierten arbeitet der schizoid Strukturierte kaum für einzelne Personen oder eine überschaubare Gruppe von Personen. So kann er seine Familie vernachlässigen: entweder indem er wenig Zeit mit Frau und Kindern verbringt oder indem er eine Arbeit wählt, die mit geringen Einnahmen verbunden ist, so dass seine Familie Not leidet.

Schizoid Strukturierte nehmen beim Arbeiten wenig Rücksicht auf die eigene Gesundheit. Körperliche Warnsignale beachten sie kaum. Schizoide Menschen bezeichnet man oft als »fanatische Arbeiter«. Sie arbeiten »ohne Rücksicht auf Verluste«. Das kann zu Krankheiten führen, aber nicht zu einem Burnout.

Die Betrachtung der schizoiden Struktur im Zusammenhang mit Arbeit zeigt beispielhaft, dass *selbstbestimmte Arbeit* in einem übergroßen Umfang geleistet werden kann; in einem Umfang, zu dem es bei jemandem, der unter äußerem Zwang oder aufgrund von Gewissenszwang arbeitet, kaum kommen könnte, jedenfalls nicht ohne dass es zu einem Burnout käme.

Menschen mit einer narzisstischen Struktur arbeiten viel, wenn die Arbeit Anerkennung oder Bewunderung einbringt. Das Lob muss von außen kommen. Selbst können sie sich schlecht bestätigen. Viel Arbeit führt bei ihnen dann zur Erschöpfung, wenn ein Erfolg über längere Zeit ausbleibt. Umgekehrt kommen narzisstisch Strukturierte, wenn sie erfolgreich arbeiten, mit wenig Freizeit und Schlaf aus. Manche erleben ein Hochgefühl, das hypomane Dimensionen annehmen kann.

Wenn *depressiv Strukturierte* viel arbeiten, spielt Freude an der Arbeit oder Begeisterung für die Arbeit selten eine Rolle. Auf der Ich-Ebene müssen sie sich zum Arbeiten zwingen, auch zu Aktivitäten, die bei anderen Menschen wie automatisch ablaufen. Sie haben in der Regel Über-Ich-Inhalte entwickelt, die Arbeit mit einem Nutzen für andere fordern. Arbeit für andere kann für sie auch deshalb von Bedeutung sein, weil der von Anna Freud (1936) beschriebene Abwehrmechanismus »altruistische Abtretung« es ihnen ermöglicht, sich mitzufreuen, wenn es Menschen, für die sie sich eingesetzt haben, gut geht und sie deshalb guter Dinge sind.

Depressiv Strukturierte überarbeiten sich oft, wenn der Druck des Gewissens stark genug wird, um den strukturspezifischen Mangel an Initiative auszugleichen oder überzukompensieren. Gelingt es dem depressiv Strukturierten, viel zu arbeiten, kann er das bis zur Erschöpfung tun. Depressiv Strukturierte müssen auch mehr arbeiten als andere, weil sie die Qualität der eigenen Arbeit für gering halten. Das ist Teil ihrer geringen Selbsteinschätzung.

Depressiv Strukturierte dehnen ihre Arbeitszeit oft auch deshalb aus, weil sie mit ihrer Freizeit wenig anzufangen wissen. Um die Freizeit sinnvoll zu verwenden, ist neben Genussfähigkeit ein Mindestmaß an Initiative erforderlich. Für depressiv Strukturierte kann freie Zeit quälend sein, eben weil sie mit ihr nichts anzufangen wissen.

Arbeiten depressiv Strukturierte zu wenig, verstärkt sich der Druck durch das Über-Ich. Das ertragen sie oft schlechter als hohe Arbeitsanforderungen von außen, was damit zusammenhängt, dass

Arbeitsanforderungen von außen meist deutlichere Grenzen haben. In vielen Betrieben wird Arbeit nur innerhalb eines gewissen zeitlichen Rahmens verlangt. Die Vorgesetzten zählen es in der Regel zu ihren Aufgaben, Arbeitsanforderungen realistisch zu dosieren. Bei den so genannten Helferberufen ist die Arbeitszeit oft unscharf definiert und es bleibt dem Mitarbeiter überlassen, wie lange er arbeitet.

Depressiv Strukturierte haben Schwierigkeiten mit Pausen. Sie können Pausen nicht genießen und fürchten auch, dass es ihnen nach einer Pause schwerfallen wird, die Arbeit wieder anzufangen. In Berufen, wo man sich die Arbeit einteilen kann, fällt es depressiv Strukturierten schwer, die Arbeit abends zu beenden, wenn nicht alles erledigt ist. In vielen Berufen kann aber nicht alles erledigt sein, weil die Arbeitsaufgaben mehr als einen Tag Zeit erfordern. Depressiv Strukturierte in solchen Berufen arbeiten dann oft in ihre freie Abendzeit hinein.

Psychotherapeuten arbeiten mit ihren Patienten Monate und Jahre. In einer Praxis ist die Arbeitszeit meist durch feste Zeitvereinbarungen strukturiert. Psychotherapeuten in freier Praxis überarbeiten sich dann, wenn sie mehr Patienten annehmen, als sie eigentlich behandeln können. In Kliniken ist die Zeitstruktur der Arbeit variabler. Zur Überarbeitung kommt es bei Therapeuten, die in Kliniken arbeiten, auch deshalb häufiger als in der freien Praxis. »Depressive« Arbeitsstörungen äußern sich in Kliniken meist im Bereich der Schreibarbeit. In der Arbeit mit Patienten braucht der Therapeut wenig eigene Initiative. Er braucht nur sachgemäß zu reagieren. Wenn Arztbriefe zu schreiben sind, liegen die Akten da und können übersehen werden. Zwar bedeutet die Tatsache, dass sie auf dem Schreibtisch liegen, eine implizite Aufforderung, sie zu bearbeiten, die wirkt aber schwächer, als wenn ein Patient persönlich anwesend ist.

Einen Arztbrief zu schreiben ist eine gestaltende Arbeit. Aus den vorliegenden Informationen muss eine sinnvolle Zusammenfassung erstellt werden und das erfordert mehr Initiative, als der Therapeut während einer Therapiestunde aufbringen muss, in der er auf den Patienten zweckmäßig *reagiert.* Bei Therapeuten in einer freien Praxis sind keine oder wenige Arztbriefe nötig, was geschrieben werden muss, sind aber die Anträge auf Kostenübernahme durch Krankenversicherungen und Beihilfestellen. Viele Therapeuten brauchen für die Anträge viel Zeit. Diese Arbeit fällt ihnen oft schwer. Das hat unter Anderem mit dem depressiven Strukturanteil zu tun, den man, mehr oder weniger ausgeprägt, bei fast allen Therapeuten findet und der auch positive Auswirkungen hat: Er verstärkt das Interesse an Menschen und die Motivation, sich für sie einzusetzen.

Bei der *zwanghaften Struktur* findet sich ein ausgeprägtes Sicherheitsbedürfnis, das sich in einem Kontrollbedürfnis äußert. Bei pathologischer Ausprägung führt das zu mehrmaligem Kontrollieren, was die Zeit verlängert, die jemand für eine Arbeit braucht. In einem Betrieb, wo ein gewisses Mindestmaß an Produktivität gefordert wird, wird das zu einer Verlängerung der Arbeitszeit führen, wenn die Zeitstruktur dafür Raum lässt.

Das Bedürfnis, Ordnung zu schaffen und einzuhalten, wirkt einer Tendenz zum Sich-Überarbeiten entgegen. Stark zwanghafte Menschen, nach deren Tagesablauf man die Uhr stellen könnte, wie das von Immanuel Kant berichtet wird, lassen sich wenig Raum für Überarbeitung. Es kommt aber auch darauf an, welche Arbeitsproduktivität man von sich selbst erwartet, denn ein Tagesablauf lässt sich überfordernd planen.

Die Schwierigkeit Zwanghafter, Wesentliches von Unwesentlichem zu unterscheiden, kann bewirken, dass jemand viel produziert, aber wenig Brauchbares leistet. Der *Anteil* an Brauchbarem ist gering, weil er Wesentliches von Unwesentlichem nicht trennen kann.

Bei ihren Sicherheitsmaßnahmen laufen zwanghaft Strukturierte auch deshalb Gefahr zu übertreiben, weil sie sich die geringe prozentuale Wahrscheinlichkeit eines Störfalls nicht klarmachen. Dazu gehören Vergleiche zwischen der Zahl der Störfälle und der Zahl von Nicht-Störfällen. Jemand, der solche Vergleiche nicht anstellt, wird bei sonst gleichen Voraussetzungen mehr Flugangst entwickeln als jemand, der das tut.

Einzelereignisse könne die Einschätzung von Gefahren beeinflussen. Dass ein Haus brennt, ist ein seltenes Ereignis. Seit bei einem Skiurlaub in der Schweiz das Hotel neben meinem abbrannte, fühle ich mich stärker motiviert, mir den Plan der Fluchtwege in einem Hotel anzusehen. Die Wahrscheinlichkeit, dass das Hotel brennt, in dem ich mich befinde, hat durch den Brand des Schweizer Hotels aber nicht zugenommen.

Bezüglich der Qualität ihrer Arbeit lassen sich zwanghaft Strukturierte ungern etwas sagen. Sie sind geneigt, davon auszugehen, dass sie Recht haben. Weist der Chef einen übergenau arbeitenden Mitarbeiter darauf hin, dass die Arbeit nicht so genau durchgeführt werden muss, zum Beispiel wenn es bei einer Fertigung um Fertigungstoleranzen geht, hört der Zwanghafte das mit Verachtung. Er hat eben andere Maßstäbe.

Bei zwanghaft Strukturierten kann es auch vorkommen, dass ihnen Fehler unterlaufen, die Fehlleistungen darstellen und durch einen latenten Protest motiviert sind. Gleichzeitig verlangt der Zwanghafte von sich, fehlerfrei zu arbeiten. Er sucht die Fehler auszubügeln, was lange dauern kann. Insgesamt lässt sich wohl sagen, dass Zwanghafte nur unter bestimmten Bedingungen dazu neigen, sich zu überarbeiten. Das hat dann oft mit selbst verursachten Störungen im Arbeitsablauf zu tun.

Phobisch strukturierte Menschen arbeiten meist ungestört, wenn ein steuerndes Objekt vorhanden ist. Fehlt das steuernde Objekt, kann es dazu kommen, dass der phobisch Strukturierte nichts zu tun wagt. Gegen eine Überlastung, die von einem steuernden Objekt gefordert wird, können sich phobisch Strukturierte schlecht wehren. Das führt zu Überarbeitung, wenn das steuernde Objekt gleichzeitig ein Vorgesetzter ist, der den Arbeitsumfang bestimmt. Phobisch Strukturierte protestieren selten gegen überhöhte Arbeitsanforderungen, wenn sie von einer Person ausgehen, die für sie die Funktion eines steuernden Objekts hat. Sie möchten dessen Anforderungen erfüllen und können sich dann überarbeiten.

Insgesamt neigen phobisch Strukturierte nur in Sonderfällen zur Überarbeitung. Zu denen kann auch die Kombination eines phobischen mit einem depressiven Strukturanteil gehören, weil der Wunsch, das steuernde Objekt zufriedenzustellen, doppelt motiviert ist. Ein steuerndes Objekt gewinnt dadurch an Bedeutung, dass es dann in der Phantasie des phobisch Strukturierten zusätzlich eine existenziell wichtige »ernährende« Funktion hat.

Bei kontraphobisch Strukturierten findet sich Überarbeitung häufiger. Sie neigen dazu, sich auf arbeitsintensive Projekte einzulassen, ohne ausreichend geprüft zu haben, ob sie die Arbeit leisten können. Sie wollen mit »Mut« an die Sache herangehen. Scheitern sie, können sie sich so verhalten, wie es die unter der kontraphobischen Struktur liegende phobische Struktur vorgibt.

Bei der *hysterischen Struktur vom phallisch-narzisstischen Typ* werden Geschlechtseigenschaften demonstriert und das Verhalten zielt darauf ab, mit ihnen aufzufallen. Wer seine Geschlechtseigenschaften betont, um ihretwegen anerkannt oder bewundert zu werden, kann die Arbeit vernachlässigen. Zu einer Überarbeitung kommt es dann durch Druck von außen. Dazu kann es auch kommen, wenn die Entwicklung zur Arbeit erforderlicher Kompetenzen bereits früher im Leben vernachlässigt wurde, was sich ergeben kann, wenn die Demonstration von Geschlechtseigenschaften dauernd im Vordergrund stand.

Phallisch-narzisstische Frauen, die mit der klassischen weiblichen Rolle identifiziert sind, erwarten besonders oft, dass es ausreicht, wenn sie ihre Weiblichkeit kultivieren. *Phallisch-narzisstische Männer und männlich identifizierte phallisch-narzisstische Frauen* rechnen es eher zu den männlichen Eigenschaften, im Beruf kompetent zu sein. Das kann im Extremfall zur Überarbeitung führen.

Hysterisch strukturierte Menschen vom ödipalen Typ überarbeiten sich selten. Das hat mehrere Gründe: In der ödipalen Situation konkurriert ein Kind mit dem gleichgeschlechtlichen, im spiegelbildlichen negativen Ödipuskomplex mit dem gegengeschlechtlichen Elternteil. Das Kind wünscht sich, als Partner oder Partnerin akzeptiert zu werden. Bei Kindern kommt es dabei weniger auf Leistung an als auf Vitalität und Charme. Die Annahme, dass Leistung nicht so wichtig sei, bleibt bis ins Erwachsenenalter vor allem dann erhalten, wenn das Kind einen ödipalen Triumph erlebt hat. Der besteht darin, dass das Kind dem erwachsenen Partner eines Elternteils deutlich vorgezogen wird. Als Erwachsene gehen solche Kinder weiterhin davon aus, dass es darauf ankommt, von einer Frau oder einen Mann als Partner oder Partnerin akzeptiert zu werden. Deshalb kann Arbeit vernachlässigt werden, was schon zu Schwierigkeiten während der Ausbildung führt und anschließend im Beruf. Männer, die einen ödipalen Triumph erlebt haben, tun sich im Leben meist schwerer als Frauen mit einem ödipalen Triumph. Das hängt damit zusammen, dass die Attraktivität als männlicher Partner viel mit der sozialen Stellung zu tun hat, die meist von kompetentem Arbeiten abhängt.

Insgesamt führt der ödipale Triumph zu einer ödipalen Illusion. Scheitert die Verwirklichung dieser Illusion an der Realität, weil Arbeitsleistung verlangt wird und Kompetenzen im Arbeitsbereich vorher nicht ausreichend entwickelt wurden, können sich hysterisch Strukturierte vom ödipalen Typ zu einer Arbeit gezwungen sehen, die unter ungünstigen Voraussetzungen durchgeführt wird, weil die eigene Arbeitsmotivation fehlt und die notwendigen Kompetenzen unterentwickelt sind. Daraus kann eine Überlastung resultieren.

Ein Grund, weshalb hysterisch Strukturierte vom ödipalen Typ sich aber selten überarbeiten, hat damit zu tun, dass sie, was die Ich-Funktionen angeht, die bei den meisten Arbeiten beansprucht werden, in ihrer Entwicklung partiell zurückgeblieben sind. Sie entwickeln wenig Durchhaltevermögen, wenig Frustrationstoleranz, wenig Neigung zu kontinuierlicher Arbeit und fangen, wenn es mit einer Arbeit nicht klappt, gern etwas Neues an. Dadurch können sie sich einer Überbeanspruchung entziehen, solange dieses Verhalten vom Arbeitgeber toleriert wird.

Beim Entstehen von Burnout können Emotionen eine große Rolle spielen. Bei Emotionen unterscheide ich zwischen Affekten und Stimmungen. Affekte können rasch entstehen und rasch wieder abklingen. Bleibt die Ursache der Affekte bestehen, können sie lange andauern oder immer wieder auftreten. Stimmungen kann man unter Anderem als emotionale Antworten auf mehr oder weniger komplexe, individuell verarbeitete Lebenssituationen sehen – Lebenssituationen der Gegenwart, der Vergangenheit und der antizipierten Zukunft.

Beim Burnout geht es in erster Linie um Affekte, die sich auf die Gegenwart beziehen, aber auch auf die Zukunft, zum Beispiel die Zukunft einer Institution, in der jemand arbeitet, oder auch die Zukunft seiner eigenen Karrierechancen. Eine Überlastung durch Affekte kann auch entstehen, wenn diese nur mühsam beherrscht werden können, aber beherrscht werden sollen, weil es nachteilige Folgen haben könnte, wenn sie ungeschützt und undosiert geäußert würden. Belastend sind besonders Affekte, die Handlungsanweisungen enthalten, die aus inneren oder äußeren Gründen nicht befolgt werden können. Angst fordert zu Kampf oder Flucht auf, Zorn zu Aggression.

Doch Kampf oder Flucht sind nicht immer möglich, Aggression muss oft unterdrückt werden. In späteren Stadien der Entwicklung eines Burnouts verschwinden die prägnanten Affekte und machen unspezifischen, quälenden Gefühlen Platz, die keine klare Handlungsanweisung enthalten. Man könnte sagen: Das Ich ist erschöpft, es kann keine prägnanten Gefühle mehr produzieren. Der Betreffende glaubt dann auch nicht mehr, dass sich an seiner Situation durch eigene Aktivität etwas ändern lässt.

Wie ein Mensch affektiv reagiert, hängt nicht nur mit seiner Charakterstruktur zusammen. Es kann auch mit Übertragungen zusammenhängen: Frühere Erfahrungen werden auf eine aktuelle Situation übertragen, wobei dem Betreffenden oft nicht deutlich wird, dass er jetzt andere Möglichkeiten hätte als früher; zum Beispiel als Erwachsener im Unterschied zu ihm als Kind. Hinzu kommt oftmals auch, dass verschiedene Ereignisse transkulturell verschiedene Bedeutungen haben, so dass die Reaktionen auch von der Kultur abhängig sind, aus der jemand kommt, und von der Kultur, in der er aktuell lebt.

Gefühle können *miterlebt* werden. Ebenso wie sich jemand bei der so genannten altruistischen Abtretung (A. Freud 1936) mit anderen Menschen mitfreuen kann, so kann er auch mitleiden. Das Mitleiden kann dadurch entstehen, dass er sich mit dem Leidenden identifiziert. Gefühle können aber auch unmittelbar, durch eine Art Ansteckung (vgl. Herdieckerhoff (1974), übertragen werden. Das Miterleben von Gefühlen spielt in vielen Helferberufen eine große Rolle.

Die gleichen Personen, die Mitleiden auslösen, können reaktiv auch noch andere Gefühle auslösen, zum Beispiel Ärger und Wut, in der Medizin zum Beispiel, wenn es sich um sehr ansprüchliche Patienten handelt. Wer in der Psychiatrie mit psychisch Kranken umgeht, hat es oft auch mit Patienten zu tun, die durch ihr Verhalten starke Affekte hervorrufen, insbesondere Zorn oder Wut. Patienten mit einer Borderlinestruktur übertragen oft archaische, aggressive innere Bilder und suchen durch ihr Verhalten – ohne bewusste Absicht – Ärzte oder Pflegepersonal dazu zu bringen, sich aggressiv zu verhalten. Man spricht von projektiver Identifizierung vom Übertragungstyp (König 1998). Manche versuchen auch, Ärzte, Schwestern und Pfleger und überhaupt alle, mit denen sie es in einer therapeutischen

Rolle zu tun bekommen, durch provozierendes Verhalten aus ihrer Rolle zu drängen und sie dadurch zu entwerten oder ihnen Schuldgefühle zu machen. Es kostet dann viel innere Anstrengung, in der therapeutischen Rolle zu bleiben.

Die Affekttoleranz kann beim Burnout herabgesetzt sein. Das Aushalten-Können von Affekten gehört zu den Ich-Funktionen. Je früher während seiner Entwicklung die Lebensbedingungen eines Kindes ungünstig sind, desto häufiger kommt es hier zu Fehlentwicklungen. Die Ich-Funktionen reifen aber bis zum Ende der Adoleszenz und können bis dahin in ihrer Entwicklung gestört werden. Die ödipale Phase mit ihren Konflikten ist eine häufige Ursache von Störungen der Ich-Entwicklung. Das Kind bleibt in ödipalen Konflikten befangen und tritt nicht in die so genannte Latenzzeit ein, in der ein Zeitfenster für die Entwicklung bestimmter Ich-Funktionen geöffnet wird.

Gegen Affekte kann man ankämpfen, um sie unter Kontrolle zu bringen, zum Beispiel gegen einen Ärger über eine ungerechte, übermäßige, unsinnige oder von einem verhassten Menschen angeordnete Arbeit. Oft handelt es sich um Affekte, die Arbeitsverweigerung zur Folge hätten, wenn die Folgen einer solchen Verweigerung nicht gefürchtet würden. Protest kann zwar auch beiseite geschoben oder verdrängt werden, oft setzt er sich dennoch durch, etwa durch Fehlleistungen oder durch übermäßiges Kontrollieren der Arbeitsgänge und Arbeitsergebnisse bei *zwanghaft Strukturierten.* Ein beiseite geschobener Protest kann die Arbeit sehr verlangsamen, wenn viel Energie nötig ist, um ihn beiseite zu halten.

Affekte und Stimmungen werden fast unmittelbar miterlebt, wenn die Ich-Grenzen besonders durchlässig sind, etwa bei *Menschen mit einer schizoiden Struktur.* Diese werden durch eine Arbeit im engen Kontakt mit leidenden Menschen stark belastet. Wenn es ihnen nicht gelingt, auf Distanz zu gehen, empfinden sie mit, auch wenn sie sich nicht einfühlen wollen. Darüber hinaus können sie natürlich auch reaktiv Gefühle entwickeln, etwa Ärger oder Angst im Umgang mit bestimmten Patienten. Ärger oder Angst rufen sie dazu auf, aggressiv zu werden oder aus dem Feld zu gehen. Ist das nicht möglich, kommt es zu Überlastungserscheinungen.

Narzisstisch Strukturierte protestieren innerlich oder, seltener, auch nach außen gegen Arbeiten, die von jemandem angeordnet werden, der aus ihrer Sicht nicht auf gleicher Ebene ist. Sie reagieren auch mit Ärger, wenn sie sich unterfordert fühlen, was sie als Kränkung empfinden. Solche Situation können lang dauernde Wut generieren. Narzisstisch Strukturierte reagieren mit Ärger oder Wut, wenn sie mit der Realität ihrer Grenzen konfrontiert werden, zum Beispiel dadurch, dass eine Arbeit nicht gelingt. Reihen sich Misserfolge aneinander, können Ärger und Wut immer wieder auftreten.

Depressiv Strukturierte müssten eigentlich immer arbeiten. Ein Protest gegen Arbeitsanforderungen wird gegen die eigene Person gerichtet. Depressiv Strukturierte machen sich *Vorwürfe*, den Anforderungen nicht zu genügen, gleich ob die Anforderungen aus ihnen selbst oder von außen kommen. Depressiv Strukturierte neigen sehr dazu, sich mit anderen Menschen zu identifizieren, die leiden. Das Mitleiden hat bei depressiv Strukturierten eine andere Hauptursache in ihrer Entstehungsweise als bei schizoid Strukturierten. Ein leidender Mensch ist ihnen als Individuum wichtig, und sie identifizieren sich mit ihm. Sie versetzen sich also in diesen anderen Menschen hinein, während der schizoid Strukturierte vom Leiden anderer Menschen »angesteckt« wird, weil seine Ich-Grenzen besonders durchlässig sind.

Bei der *Zwangsstruktur* spielt Protest eine große Rolle. Kann ein Protest abgewehrt werden, gelingt das meist vollständig. Die Abwehrschranke ist dann dicht. Manchmal erscheinen aggressive Phantasien ohne die zugehörigen Affekte. In beiden Fällen kommt es nicht zu einer Überbeanspruchung. Wird der Protest bewusst und mitsamt den Affekten erlebt, kann er zur Erschöpfung führen, wenn entsprechendes Handeln nicht möglich ist. Erschöpfend wirkt auch das Arbeiten in einer als »unten« empfundenen Position, wenn dagegen protestiert wird und Wut und Ärger empfunden werden. Belastend wirkt weiter, wenn die Arbeitsbedingungen es nicht gestatten, dass der zwanghaft Strukturierte dem eigenen Wunsch, seine Arbeit genau und vollständig durchzuführen, nachkommen kann. Das ruft wieder Ärger oder Wut hervor, die abgewehrt oder erlebt werden können. Erlaubt die Situation kein aggressives Handeln, können die entsprechenden Affekte, wenn sie bestehen bleiben oder immer wieder auftreten, zum Burnout führen.

Menschen mit einer *phobischen Struktur* neigen wenig zum Widerstand gegen Arbeitsanforderungen, wenn ein steuerndes Objekt vorhanden ist, das sie nicht überfordert. Ein solches Objekt kann aber fehlen. Wenn Arbeiten ohne ein steuerndes Objekt verrichtet werden sollen, kann manifeste, lang dauernde Angst auftreten, die eine Überlastung durch diesen Affekt hervorruft. Angst tritt auch auf, wenn ein Vorgesetzter zum steuernden Objekt gemacht wurde und überfordernde Ansprüche stellt.

Menschen mit einer *kontraphobischen Struktur* können mit Ablehnung und Wut reagieren, wenn sie daran gehindert werden, »mutige« Projekte auszuführen. Wenn sie mit ihren Projekten Schiffbruch erleiden, können sie in eine phobische Position zurückkippen. Sie suchen dann nach steuernden Objekten und werden ängstlich, wenn sie keine finden. Dann kommt es allerdings nur selten zum Burnout, weil die Ängstlichkeit oft mit einem Rückzug aus der Arbeit verbunden ist.

Männer und männlich identifizierte Frauen mit einer phallisch-narzisstische Struktur werden besonders durch eine aussichtslose Konkurrenzsituation belastet. Richten sie sich nach einer »sportlichen« Ideologie, die es gestattet, in einem fairen Wettkampf zu unterliegen, ohne gekränkt sein zu müssen, belastet sie ein Unterliegen weniger. Dann ist nur erforderlich, dass sie sich dem Konkurrenzkampf stellen. Wiederholte Niederlagen beeinträchtigen aber doch das Selbstwertgefühl, was in seltenen Fällen zu einem Burnout beitragen kann.

Phallisch-narzisstische Frauen, die mit der klassischen Frauenrolle identifiziert sind, reagieren in der Konkurrenz mit anderen Frauen, wenn sie unterliegen, gekränkt und oft depressiv, sie können aber auch Ärger und Wut empfinden. Zu einem Burnout kommt es meist nur, wenn eine enge Zusammenarbeit mit einer überlegenen Frau weiter erforderlich ist. Mit Männern konkurrieren sie selten, zumindest nicht offen, weil zum klassischen Frauenbild eher eine zu Männern komplementäre Einstellung passt als eine konkurrierende.

Es kommt auch vor, dass eine Arbeit nicht zur angestrebten Geschlechtsrolle passt. Zum Beispiel kann ein phallisch-narzisstischer Buchhalter seine spezifisch männlichen Eigenschaften wenig zur Geltung bringen. Er kann dann einen Dauerärger empfinden. Das kann zur Entstehung eines Burnouts beitragen. Entsprechendes gilt für eine männlich identifizierte phallisch-narzisstische Buchhalterin. Eine Frau, die ein Verhalten von sich verlangt, das der klassischen weiblichen Rolle entspricht, wird sich in einem Beruf unwohl fühlen, wo sie sich »eher wie ein Mann« verhalten muss. Zum Beispiel muss sie sich gegen pöbelnde Falschparker zur Wehr setzen, wenn es ihre Aufgabe ist, den Parkraum zu überwachen. Eine solche Frau, die sich mit Falschparkern konfrontieren muss, wird in entsprechenden Situationen Angst empfinden und wahrscheinlich versuchen, den Beruf zu wechseln. Ist das nicht möglich, kann die Angst vor solchen Auseinandersetzungen in seltenen Extremfällen eine Burnout-Symptomatik bewirken.

Hysterisch Strukturierte vom ödipalen Typ belastet es, wenn ihre Spontaneität eingegrenzt oder eingedämmt wird und wenn die Art ihrer Arbeit Genauigkeit und Durchhaltevermögen verlangt. Dabei kommt es oft zu aggressiven Auseinandersetzungen, wobei der Ärger selten lange anhält. Inszenieren hysterisch Strukturierte vom ödipalen Typ am Arbeitsplatz ein ödipales Dreieck und unterliegen sie in der Konkurrenz um die begehrte Person, könnten sie depressiv werden, besonders wenn sie mit dem Sieger in der Konkurrenz oder mit der begehrten Person weiter zusammenarbeiten müssen. Sie richten die Aggressionen dann gegen sich selbst. Das geschieht besonders häufig, wenn sie auch einen depressiven Strukturanteil haben. Zu einem Burnout kommt es selten, auch weil eine Stelle, die belastet, selten »durchgehalten« wird.

Was die Affekte angeht, lässt sich zusammenfassend sagen, dass Affekte dann zum Burnout führen können, wenn sie lang anhalten und ein Handeln, das sie vorgeben (zum Beispiel Kampf oder Flucht), nicht erfolgen kann.

Auch Stimmungen können krankmachend wirken. Sie können auf dem Wege einer »Ansteckung« oder auf dem Wege einer Identifizierung mit den Leidenden übernommen werden. Schizoid Strukturierte lassen sich anstecken, depressiv Strukturierte identifizieren sich.

Protektiv wirken eine Fähigkeit zur flexiblen (nicht starren) Abgrenzung und zu einer guten Nähe-Distanz-Regulierung und bei den meisten Menschen eine narzisstischen Zufuhr. Abgesehen davon, dass er weniger Zeit mit Patienten verbringt als einer seiner Assistenzärzte, hat ein Chefarzt zumeist einen narzisstischen Gewinn aus seiner Position und einem relativ hohen Einkommen, das ihm zusätzliche Geltung verschafft. Von Chefärzten werden diese Unterschiede oft nicht ausreichend gesehen und berücksichtigt.

Zeitstruktur und Mehrarbeit

Jeder Mensch kann sein Arbeitstempo nur innerhalb einer gewissen Bandbreite ändern. Diese hängt unter anderem von der Konstitution, vom Alter und von der Kultur ab, in der jemand aufgewachsen ist. Die Bandbreite möglicher Anpassung an ein vorgegebenes Tempo hängt auch davon ab, wie weit jemand bereit ist, fremdbestimmt zu arbeiten, im Unterschied zu einem selbstbestimmten Arbeiten.

Bei der Bandarbeit ist das Arbeitstempo vorgegeben. Wer am Band arbeitet, muss sich an die Geschwindigkeit des Bandes anpassen. Die meisten Leser werden den Film *Moderne Zeiten* erinnern, in dem Charlie Chaplin die ihm bei einer Bandarbeit aufgezwungenen Bewegungen ohne das Band wie ein Automat weiter durchführt. Bei einer Bandarbeit ist für selbstbestimmtes Handeln kein Platz. Selbstbestimmte Arbeit kann ohne negative Folgen länger durchgeführt werden als fremdbestimmte Arbeit. Ein leitender Gewerkschaftler soll auf die Vorhaltung, er setze sich für die 35-Stunden-Woche ein, arbeite aber selbst siebzig Stunden pro Woche, geantwortet haben: »Aber nicht am Band.«

Ein Arbeitender kann durch einen Chefwechsel an die Grenzen seiner Anpassungsfähigkeit kommen. Der Chef kann mehr Arbeit verlangen als sein Vorgänger, oder es wird ihm unterstellt, dass er mehr verlangt. Die Beziehung zum neuen Chef kann aus Gründen, die beim Chef, beim Mitarbeiter oder beiden liegen können, schwierig sein, so dass der Mitarbeiter gegen einen inneren Widerstand angehen muss, die Anweisungen des Chefs auszuführen. Hier können Übertragungen aus den Beziehungen zu früher abgelehnten Personen eine Rolle spielen.

Neben alledem hat die eigene Charakterstruktur wesentlichen Einfluss darauf, wie man mit Zeitvorgaben umgeht: *Schizoid strukturierte Menschen* möchten autark sein. Jede Art von Anpassung schränkt ihre Autarkie ein. Sie sind schon deshalb nicht willens, sich

Anforderungen von außen anzupassen. Tun sie das dennoch, haben sie den Eindruck, sich selbst aufzugeben. Mit einem Unwillen oder einer Unfähigkeit, sich dem Tempo anderer anzupassen, hat es auch zu tun, dass schizoid Strukturierte als Studenten in Vorlesungen oft nicht mitdenken können. Dazu müssten sie sich dem Tempo des Sprechenden anpassen. Er spricht aber meist langsamer oder schneller, als sie denken wollen. Manche helfen sich dadurch, dass sie mitschreiben, ohne mitzudenken, um die Vorlesung dann zuhause mit eigener Geschwindigkeit nachzuarbeiten. Bücher haben für sie den Vorteil, dass das Lesetempo in weiten Grenzen wählbar ist.

Wenn man mit anderen zusammenarbeitet, ist es notwendig, die anderen im Auge zu behalten, damit es zu einer zeitlich abgestimmten Zusammenarbeit kommt. Der schizoid Strukturierte »guckt nicht hin«, was eine Voraussetzung dafür wäre, mit anderen zusammenarbeiten zu können. Zusammenarbeit funktioniert nur, wenn die anderen sich ganz nach ihm richten.

Narzisstisch strukturierte Menschen möchten eine ihnen genehme Zeitstruktur durchsetzen. Darauf, dass man dies zulässt, glauben sie einen Anspruch zu haben, der mit der Vorstellung zusammenhängt, sie seien besondere Menschen. Hier unterscheiden sie sich von den schizoid Strukturierten, die sich zurückziehen, wenn man sich nicht auf sie einstellt. Eine von anderen vorgegebene Zeitstruktur übernehmen zu müssen, empfinden narzisstisch Strukturierte als Herabsetzung, die sie kränkt. Eigentlich könnten sie nur selbst über sich sinnvoll bestimmen. Ist aber eine Anpassung nötig, bietet sich für sie als Ausweg an, sich in der Rolle eines Manipulierenden und deshalb Überlegenen zu sehen, der den Anweisungen anderer folgt, um sie in einer von ihm gewollten Weise zu beeinflussen, nach dem Motto: »Ich mache das nur, weil ich will, dass der denkt, er sei mir überlegen. Natürlich stimmt das in Wirklichkeit nicht.«

Depressiv Strukturierte suchen die Wünsche anderer Menschen zu erfüllen. Sie möchten sich den Vorgaben, die das Arbeitstempo betreffen, anpassen. Das gelingt ihnen schlecht, wenn sie eine Terminarbeit allein arbeitend bewältigen müssen. Dann machen sich die Einschränkungen ihrer Initiative stark bemerkbar. Meist versuchen sie, ihr langsameres Arbeitstempo durch längeres Arbeiten zu kompensieren. Die längere Arbeitszeit kann zu einem Burnout führen oder zumindest dazu beitragen, wenn sie ein gewisses Maß überschreitet, etwa wenn abends keine Erholungszeit bleibt. Können depressiv Strukturierte sich einer in Einzelschritten vorgegebene Zeitstruktur anpassen, schätzen sie es, dass die Zeitstruktur ihnen Initiative abnimmt: Dann ist für sie deutlich, was sie wann tun müssen.

Zwanghaft strukturierte Menschen unterwerfen sich entweder einer Zeitstruktur, oft mit latentem Protest, oder sie machen eine vorgegebene Zeitstruktur zu ihrer Sache. Das genaue Einhalten von Zeiten ist ihnen wichtig. Sie setzen dann die Zeitstruktur anderen gegenüber durch. Diese feste Zeitstruktur schützt Zwanghafte vor Überarbeitung. Gelingt es ihnen nicht, eine vorgegebene Zeitstruktur einhalten, etwa weil sie zu genau arbeiten oder ihre Arbeit zu oft kontrollieren müssen, kann das zu aufreibenden interpersonellen Konflikten am Arbeitsplatz führen, weil sie die Zeitvorgaben dann als »ungerecht« empfinden. Ihr Protest gegen fremdbestimmte Zeitvorgaben kann sich in unbewusst oder bewusst motiviertem Bummeln oder in vermehrtem Kontrollieren äußern.

Phobisch Strukturierte empfinden Zeitvorgaben als steuernd, wenn sie ihnen genügen können und wenn Harmonie zwischen ihnen und den Personen besteht, die Zeitvorgaben machen. Ist das nicht der Fall, reagieren sie mit Angst, vor allem wenn diese Personen gleichzeitig steuernde Objekte sind.

Kontraphobisch Strukturierten geht es oft zu langsam. Sie möchten schneller vorankommen und dabei Risiken in Kauf nehmen. Hierin unterscheiden sie sich von hysterisch Strukturierten vom ödipalen Typ, die Risiken oft gar nicht sehen. Machen andere in einem Team nicht mit, kann es zu aggressiven Auseinandersetzungen kommen. Scheitern kontraphobisch Strukturierte bei ihren Unternehmungen, kann es sein, das sie in ein phobisch bestimmtes Verhalten zurückfallen.

Hysterisch strukturierte Männer vom phallisch-narzisstischen Typ und männlich identifizierte Frauen dieses Typs zeigen meist keine Besonderheiten im Umgang mit Zeitvorgaben. Probleme gibt es, wenn eine andere Strukturkomponente, die sonst nicht im Vordergrund steht, den Umgang mit Zeitvorgaben problematisch macht. *Frauen, die mit der klassischen weiblichen Rolle identifiziert sind,* können einen großzügigen Umgang mit Zeit zu dieser Rolle rechnen: »Charmante Frauen dürfen warten lassen.« Im Beruf kann das zu Schwierigkeiten führen.

Hysterisch Strukturierte vom ödipalen Typ empfinden eine Zeitvorgabe als Einschränkung ihrer Spontaneität. Am wohlsten fühlen sie sich in Berufen, wo die Arbeit in einer Abfolge kurzer Interaktionen besteht, zum Beispiel an der Rezeption eines Hotels. Oft sind dort nur der Beginn und das Ende der Arbeitszeit festgelegt. Müssen hysterisch Strukturierte vom ödipalen Typ sich einer Zeitstruktur anpassen, die zeitliche Abläufe genau regelt, fühlen sie sich unwohl. Müssen sie eine Arbeit verrichten, bei der die zeitlichen Abläufe genau strukturiert sind, arbeiten sie meist unter Protest, was sie anstrengt.

Gemeinsam ist allen Betrieben und Institutionen, dass ein stärkerer Arbeitsanfall sich auf die Arbeitenden sehr negativ auswirken kann. Es muss rascher gearbeitet werden. Kleine Pausen, wie sie zum Beispiel auf einer Krankenstation für das Personal anfallen können, gibt es nicht mehr. Das Personal kann sich seltener zwischendurch erholen und seltener mit dem Patienten sprechen. Insgesamt nimmt die Qualität der Versorgung ab. Liegen Patienten wegen Überfüllung auf den Korridoren, bringen sie nicht nur mehr Arbeit in einem Maße, das der zusätzlichen Zahl von Patienten entspricht. Ein Patient auf dem Korridor ist auch schwerer zu versorgen.

Menschen mit einer schizoiden Struktur, die sich einem vorgegebenen Arbeitstempo ohnehin schwer anpassen können, leiden unter einer jeden Veränderung. Auch wenn die Anpassung an das veränderte Tempo gelingt, erfordert das für sie eine zusätzliche Anstrengung und macht wieder einmal deutlich, dass der schizoid Strukturierte an seinem Arbeitsplatz nicht autark handeln kann. Selbst wenn die Veränderung der Arbeitsmenge, aus der die Steigerung des Tempos resultiert, innerhalb der Bandbreite liegt, in der eine Anpassung möglich wäre, kann die Veränderung des Arbeitstempos in ihren Folgen für die Psyche des schizoid Strukturierten die Grenze überschreiten, wo zusätzliche Belastung zur Überlastung wird.

Scheinbar paradoxer Weise kann auch eine Verlangsamung des Arbeitstempos für schizoid Strukturierte eine Belastung sein, weil sie wie eine Erhöhung der Arbeitsgeschwindigkeit eine Umstellung erfordert, außer wenn der schizoid Strukturierte sich in kleine Pausen zurückziehen kann.

Narzisstisch Strukturierte empfinden jede Vorgabe des Arbeitstempos als Zumutung, eine Veränderung der Vorgabe als zusätzliche Zumutung. Hier steht der Faktor Kränkung im Vordergrund.

Depressiv Strukturierte werden durch eine Erhöhung des Arbeitstempos dann weniger belastet, wenn sie in Interaktionen mit anderen arbeiten, die ihren Mangel an Initiative ausgleichen. Arbeiten sie allein, müssen sie bei schnellerer Arbeit mehr Initiative aufbringen, was sie oft überfordert.

Zwanghaft Strukturierte sind auch was den Arbeitsablauf angeht konservativ. Eine Änderung der Zeitvorgaben macht ihnen deutlich, dass sie an ihrem Arbeitsplatz nicht nur selbstbestimmt, sondern auch fremdbestimmt arbeiten. Es kommt zu teils unbewussten, teils bewussten Protesten, die ihre Arbeitsgeschwindigkeit vermindern können, so dass das Gegenteil von dem eintritt, was Vorgesetzte erreichen wollen, die eine Erhöhung des Arbeitstempos fordern.

Phobisch Strukturierte befürchten, die Verbindung zum steuernden Objekt zu verlieren, wenn es ihnen nicht gelingt, sich an das neu vorgegebene Arbeitstempo anzupassen. Das macht ihnen Angst.

Phallisch-narzisstisch strukturierte Männer und phallisch-narzisstisch strukturierte, männlich identifizierte Frauen können eine Erhöhung des Arbeitstempos als Herausforderung ansehen, die ihnen Gelegenheit gibt, Kompetenzen und Stärke zu demonstrieren. Scheitern sie dabei, kränkt es sie, und sie können aus dem Feld gehen, wenn ihnen das möglich ist. *Phallisch-narzisstische Frauen, die mit der klassischen weiblichen Rolle identifiziert sind,* möchten sich den Forderungen meist anpassen. Anpassung wird hier aber in einem Bereich gefordert, wo ihre Stärken nicht liegen, vor allem wenn sie berufliche Kompetenzen wenig kultiviert haben.

Hysterisch Strukturierte vom ödipalen Typ erleben eine Erhöhung des Arbeitstempos als Beanspruchung in einem Bereich, den sie für wenig wichtig halten, gleichzeitig müssen sie sich aber anpassen, wenn sie Konflikte vermeiden wollen. Manche fühlen auch in sich hinein, um festzustellen, ob sich bei ihnen eine Symptomatik von Krankheitswert herausbildet, die es ihnen ermöglichen würde, auf dem Wege über eine Krankschreibung aus dem Feld zu gehen.

Ein Mehr an Arbeit kann sich auf das Betriebsklima negativ auswirken. Vorgesetzte, die eigentlich gegen Mehrarbeit sind, müssen die Notwendigkeit von Mehrarbeit ihren Mitarbeitern gegenüber dennoch vertreten, wobei sich die Mitarbeiter ausgenutzt fühlen. Ärger, der den Personen im Betrieb gilt, die Mehrarbeit anordnen, trifft auch die unmittelbaren Vorgesetzten. Von ihnen wird oft verlangt, dass sie ihre Mitarbeiter gegen die erhöhten Arbeitsanforderungen verteidigen. Interpersonelle Autoritätskonflikte, die latent vorhanden waren, brechen auf. Es ergeben sich zusätzliche Belastungen.

Ansehen

Es kann belasten, wenn man sich schlecht bezahlt füllt. Ein Professor kann darüber klagen, dass er weniger Gehalt bekommt, als wenn er in der Wirtschaft tätig wäre, das muss seine Arbeitsfreude aber nicht einschränken, wenn er die Arbeit an der Universität für interessant und wichtig hält.

Verfügt jemand über finanzielle Mittel, die ihm ein Leben ohne Arbeit ermöglichen würden, kann er trotzdem arbeiten, weil er es gerne tut, die Arbeit ihm Ansehen verschafft oder weil er sich der Gesellschaft verpflichtet fühlt. Die Möglichkeit, eine Arbeit aufzugeben, ohne spürbare finanzielle Nachteile zu erleiden, kann die Arbeitsmotivation fördern. In Kliniken habe ich schwer arbeitende reiche Leute kennengelernt. Weil sie sich keine Sorgen um ihr Einkommen machen mussten, das Gehalt spielte im Rahmen ihrer finanziellen Möglichkeiten keine Rolle, fühlten sie sich weniger belastet als andere. Auf diesem Wege kam es anscheinend auch zu einer erhöhten Toleranz gegenüber Arbeitsbelastungen. Wie belastend eine Arbeit erlebt wird, hängt insgesamt stark von dem Ansehen ab, das sie genießt. Ärzte genießen auch heute noch ein hohes Ansehen, was ihrer Arbeitsfreude zugute kommen kann. Ein Verlust an Prestige vermindert sie.

Regression in Gruppen und Burnout

Gruppen können regredieren. Das heißt, ihr Erleben und Handeln kann sich auf der Zeitachse zurückentwickeln, so dass Erleben und Handeln der Gruppenmitglieder zum Teil früheren Entwicklungsstadien entsprechen, die sie als Kinder durchlaufen haben. So kann eine Gruppe in schizoide Verschmelzungsphantasien versinken oder irrational aggressiv werden, oder es kommt zu einem Zustand oraler Passivität. Die Gruppe möchte nichts tun, sondern nur »gefüttert« werden. Wünsche aus früherer Zeit werden wieder wach, und auch die Ich-Funktionen entwickeln sich zurück, so dass sie nur noch teilweise zur Verfügung stehen (König 1976). Bion (1974) hat dargelegt, dass so aus einer Arbeitsgruppe eine regredierte »Grundannahmengruppe« (basic assumption group) entsteht. In Therapiegruppen kann Regression nützlich sein, weil in der Regression Beziehungsformen zutage treten, die sonst nicht direkt veränderbar sind. Sie werden von anderen Beziehungsformen überlagert, die allerdings durch die darunter liegenden früheren Beziehungsformen beeinflusst werden. Es handelt sich unter Anderem um Wünsche nach Versorgung, wie kleine Kinder sie brauchen, die noch nicht aktiv für sich und ihren Lebensunterhalt sorgen können. So entstehen in der Regression Zustände von Passivität. In der Regression können aber auch aggressive Impulse zutage treten, wie das bei regredierten Zuschauern in Fußballstadien der Fall sein kann. Die Zuschauer in einem Fußballstadion stellen eine Gruppe dar, deren Größe stark regressionsfördernde Übertragungen auslösen oder begünstigen kann (König 1976).

Allgemein kann man sagen, dass jede Gruppierung eine Struktur braucht, um sich vernünftig verhalten zu können. Das lässt sich selbst auf Mitgliederversammlungen psychoanalytischer Fachgesellschaften beobachten, die nicht ausreichend strukturiert werden. Dann kommt es zu fruchtlosen und unsinnigen Sachdiskussionen, in denen Aggressivität in einem scheinbar sachbezogenen Verhalten ausgelebt wird. Dass die Gruppe aus Psychoanalytikern besteht, von denen man erwarten würde, dass sie so etwas erkennen, hilft anscheinend nicht. Hilfreich ist nur eine klare Struktur, die von einem Leiter der Mitgliederversammlung vertreten wird.

In England und mittlerweile auch in Deutschland werden minimal strukturierte Großgruppen zur Selbsterfahrung eingesetzt. Die Teilnehmer sollen regressive Phänomene an sich selbst kennenlernen. Aber auch in minimal strukturierten Kleingruppen von sieben bis 15 Teilnehmern kommt es zum Auftreten regressiver Phänomene; vor allem dann, wenn sich die Teilnehmer noch nicht kennen und in der Gruppe das erste Mal treffen. Die Gruppe konfluiert in ihrer Wahrnehmung dann zu einem Objekt, also quasi zu einer Person, die an die Mutter des ganz kleinen Kindes erinnert. Die Mutter des Säuglings oder frühen Kleinkindes hat ja, verglichen mit dem Kind, ein Vielfaches an Größe und Masse. Der Säugling, dessen maximale Sehschärfe bei etwa 20 cm liegt, sieht die Mutter in seiner ersten Lebenszeit nie ganz. Entsprechend kann man in einer Gruppe, die in einem Kreis sitzt, nie alle Teilnehmer gleichzeitig sehen. Man sieht immer nur einen Teil der Gruppe. Eine wie ein Globalobjekt erlebte Gruppe bietet Übertragungsauslöser für frühe Mutterübertragungen, die bewirken, dass auch das Selbst der Teilnehmer in einen früheren Zustand regrediert. Übertragung bewirkt hier Regression.

Regression kann man oft in Stationsgruppen in einer psychotherapeutischen Klinik beobachten, die meist mehr als 15 Teilnehmer haben und wo bei kurzen Behandlungszeiten laufend Mitglieder zur Gruppe hinzukommen und Mitglieder die Gruppe verlassen, so dass man sich wenig kennt. Durch eine sinnvolle Struktur, zum Beispiel bezüglich des Zeitablaufs, kann Regression eingedämmt werden. In Grenzen kann die dennoch entstehende Regression dann auch interpretiert werden. Regrediert eine Gruppe zu tief, kann sie wegen der Ich-Regression, die eine Lähmung von Ich-Funktionen zur Folge hat, mit Interpretationen nicht mehr vernünftig umgehen.

Die Regression auf einer Station kann sich in der Mitarbeitergruppe spiegeln. Mitarbeiter kennen einander in der Regel gut, und ihre Zahl ist in der Regel kleiner als die Zahl der Patienten. Sie nehmen aber dennoch an regressiven Vorgängen in einer Stationsgruppe teil, wenn das Personal in der Stationsgruppe anwesend ist und sich mit den Patienten in ihren regressiven Zuständen identifiziert und deren Affekte und Stimmungen übernimmt oder von ihnen angesteckt wird.

Auch die Zugehörigkeit zu einer Gruppe, die durch das gesamte Personal in einer Klinik gebildet wird, kann regressionsfördernd wirken, selbst wenn man sich nicht gleichzeitig in einem Raum befindet, besonders aber auf Betriebsversammlungen.

Regredieren Mitglieder des Personals, entsteht eine Spannung zwischen den passiven Wünschen, aber auch den aggressiven Affekten und Impulsen, die in der Regression zum Vorschein kommen, und der Notwendigkeit, die berufliche Arbeit weiter zu verrichten und in der beruflichen Rolle zu bleiben.

Regression wird nicht nur durch eine Gruppe ausgelöst, sondern auch durch andere Faktoren: Zu diesen zählt die Konfrontation mit Gefahren, zum Beispiel Gefahren, die die Existenz der Klinik betreffen, oder mit unlösbaren Aufgaben, zum Beispiel wenn das Personal so weit ausgedünnt ist, dass es die Arbeitsaufgaben nicht mehr bewältigen kann. Wird eine Personalgruppe überfordert und gerät sie an die Grenzen ihrer Leistungsfähigkeit, gibt es im Wesentlichen zwei Möglichkeiten: hektische Aktivität oder Resignation und Passivität. Die hektische Aktivität führt meist auch dazu, dass Arbeitszeiten überschritten werden. Es kann dann heißen: »Wir sitzen alle in einem Boot und müssen rudern, um zu überleben.« In einer solchen Situation geraten die Ruderer leicht aus dem Takt, was ihre Bemühungen ineffektiv macht, zumindest ineffizient.

Entsteht Passivität, etwa weil die Arbeitsanforderungen zu rasch ansteigen, um hoffen zu lassen, dass eigene Aktivität die Situation bessern kann, kommt es häufig dazu, dass die Mitarbeiter »alle Viere von sich strecken« und resignieren. Die Diskrepanz zwischen den beruflichen Anforderungen und dem eigenen Zustand wird dann schnell manifest, während sie durch eine Phase der Aktivität hinausgezögert werden kann. Die Vorstellung, dass alle in einem Boot sitzen, impliziert indirekt, dass in der aktuellen Situation alle gleich sind, was die regressionsfördernde Wirkungskraft der Gruppe verstärkt. Die Diskrepanz zwischen dem eigenen Zustand und den Arbeitsanforderungen wird größer. Wenn nach einem Schuldigen für die unhaltbare Situation gesucht wird, kommt es leicht zu einem Mobbing.

Mobbing

Das Wort Mobbing wird heute in vielerlei Bedeutung benutzt. So kann jemand sagen, dass er von seinem Chef gemobbt wird, wenn er meint, dass der Chef ihn unberechtigt kritisiert. Auch Reaktionen auf ein eigenes Verhalten, das den Verhaltensregeln in einem bestimmten Betrieb, im Rahmen bestimmter Beziehungen oder in einer bestimmten Situation widerspricht, kann jemand als Mobbing ansehen. Man könnte sagen: Das Wort Mobbing kann heute einfach bedeuten, dass jemand schlecht behandelt wird oder sich schlecht behandelt fühlt, gleich aus welcher Ursache. Dieses Wort ist so beliebt geworden, weil es impliziert, dass eine schlechte Behandlung zu Unrecht geschieht.

Tatsächlich entspricht es der ursprünglichen Bedeutung des Wortes Mobbing, dass jemand zu Unrecht aggressiv behandelt wird. Schuld sind die Mobbenden. Der heutige Gebrauch dieses Wortes impliziert, dass die schlechte Behandlung des Gemobbten die Mobbendenden entlastet. Das entspricht der ursprünglichen, biblischen Bedeutung des Sündenbocks, der in die Wüste vertrieben wird und die Sünden derer, die ihn vertreiben, mit sich nimmt.

Tatsächlich können die Ursachen für das Mobbing aber sowohl bei den Mobbenden als auch beim Gemobbten liegen, oder eben bei beiden. Häufig sucht eine Gruppe von Menschen, die sich in Schwierigkeiten befindet, entweder nach einem Führer, der sie aus den Schwierigkeiten herausführt, oder nach einem Schuldigen, der für die Schwierigkeiten verantwortlich gemacht werden kann, oder nach beiden. Wird nach einem Schuldigen gesucht, ist nicht jeder für diese Rolle geeignet. Er muss Auslöser bieten. Ein solcher Auslöser kann bereits sein, dass sich der Betreffende von den anderen in der Gruppe unterscheidet. Der Unterschied kann in der Herkunft liegen (»Jude«, »Türke«), in der Sprache, im Verhalten oder schlicht darin, dass der Gemobbte neu in der Gruppe ist und sich deshalb in manchen Verhaltensweisen von den angestammten Gruppenmitgliedern unterscheidet. Auch dass ein Neuer oder eine Neue schlicht noch nicht vertraut ist, kann als Auslöser reichen.

Die Auslöser können aber auch mit etwas in der Vergangenheit des Gemobbten zu tun haben. Jemand, der in seiner Ursprungsfamilie in der Rolle eines Sündenbocks war, der für alles in der Familie, was schief lief, verantwortlich gemacht wurde, kann unbewusst diese ihm vertraute Rolle anstreben (König 1998). Er verhält sich dann so, dass er »aneckt« und damit Aggressionen auf sich zieht. So kann er sich anders verhalten, als es in der Gruppierung, in die er neu hineinkommt, üblich ist, er kann Kritik äußern oder er kann sich unbeholfener anstellen, als es seinen Fähigkeiten entspricht. Per projektiver Identifizierung vom Übertragungstyp (König 1982, 1998; Sandler 1992) trägt er dazu bei, dass ein mobbendes Verhalten in einer Gruppe entsteht, oder sein Verhalten verstärkt ein bereits existierendes mobbendes Verhalten der anderen Teammitglieder, das primär aus Motiven entstanden ist, die bei den anderen Gruppenmitgliedern liegen.

Übersieht ein Gruppendynamiker, der als Berater hinzugezogen wird, oder übersieht ein Therapeut, zu dem der Gemobbte in Behandlung kommt, einen erheblichen eigenen Anteil des Gemobbten, und macht er nur die übrigen Gruppenmitglieder für das Mobbing verantwortlich, wird das Ergebnis seiner Tätigkeit unbefriedigend sein. Wird der eigene Anteil des Gemobbten von einem auswärtigen

Berater nicht bearbeitet, sondern ignoriert, fällt es den Mobbenden schwer, sich mit dem eigenen Anteil am Entstehen der Mobbing-Situation auseinanderzusetzen: »Etwas stimmt dann nicht.«

Wird der Mobbende in einer Therapie völlig entlastet, obwohl er am Entstehen der Mobbingsituation einen Anteil hat, wird das Gemobbt-Werden in der einen oder anderen Form wieder auftreten. Verlässt er das Team, wo er gemobbt wurde, wird er in einer anderen Gruppierung ähnliche Schwierigkeiten haben. Berichten aus Therapien kann man immer wieder entnehmen, dass der Therapeut die Gründe für das Zustandekommen einer Mobbingsituation allein bei den Mobbenden sieht und den Anteil des Gemobbten übersieht. Der Therapeut verhält sich dann wie ein Anwalt des Patienten, womit er ihm aber letztlich keinen Gefallen tut.

Eine Mobbing-Konstellation gehört zu den häufigen Ursachen von Burnout bei dem gemobbten Gruppenmitglied.

ERGÄNZUNGEN

Begabung

Begabung wird zur Konstitution gerechnet. Man unterscheidet theoretische und praktische, wissenschaftliche und handwerkliche oder technische Begabung. Viele künstlerische Begabungen haben eine handwerkliche Komponente, etwa bei Malern und Musikern. Bei Chirurgen findet man oft eine Kombination von handwerklicher, künstlerischer und wissenschaftlicher Begabung. Außer wenn sie psychotherapeutisch tätig sind, brauchen alle Ärzte ein gewisses Maß an handwerklichem Geschick.

Begabungen können, müssen aber nicht vererbt werden. Wie weit die verschiedenen Formen von Intelligenz genetisch oder durch die Umwelt bestimmt werden, ist strittig. Menschen, die von Eltern mit Abitur stammen, sind *im Durchschnitt* intelligenter als Arbeiterkinder. Solche Eltern legen meist Wert darauf, dass ihre Kinder lernen und unterstützen sie dabei. Der genetisch bedingte Anteil an Intelligenz dürfte *im Durchschnitt* höher sein. Bei den Abiturienten handelt es sich in Bezug auf die Intelligenz um eine Auslese.

Andererseits machen nicht alle intelligenten Menschen Abitur. Unter den Menschen ohne Abitur finden sich alle Ausprägungen von Intelligenz. Dazu gehören auch Hochbegabungen. Deswegen können Arbeiter hochbegabte Kinder haben. Die Schriftstellerin Ulla Hahn hat in einem autobiografischen Roman eindrücklich beschrieben, mit welchen Schwierigkeiten sie als Kind in einer Familie ohne eine auf das Intellektuelle gerichtete Orientierung zu kämpfen hatte. Ulla Hahn wurde von Menschen gefördert, die ihre Begabung erkannten. Solches Glück haben nicht alle begabten Kinder aus bildungsfernen Familien. Überwinden Kinder aus bildungsfernen Familien die damit verbundenen Schwierigkeiten, erweisen sie sich oft als besonders begabt.

In der unteren Mittelschicht sollen die Kinder oft erreichen, was den Eltern zu erreichen versagt blieb. Kinder werden gefördert, dabei manchmal überfordert. In Familien mit starker Aufstiegsorientierung werden die Kinder dann in Schulformen, später in Studiengänge gepresst, die ihnen nicht gut tun und die sie scheitern lassen, während sie beim anderen Schulweg oder Ausbildungsweg zufrieden geworden wären. Andererseits kommt man, wenn man die Biografien prominenter Menschen studiert, zu dem Ergebnis, dass durch diese Art von Druck auch Hochbegabungen aktiviert werden und zur Entfaltung kommen können. In der Mittelschicht und in der Oberschicht kann es darum gehen, dass ein Betrieb fortgeführt werden soll. Nicht immer haben die eigenen Kinder dazu die notwendige Begabung und eine Charakterstruktur, die zu den entsprechenden Aufgaben passt.

Es gibt qualitative und quantitative Delegationen: Ein Kind soll einen bestimmten Beruf erlernen oder es soll einfach aufsteigen, es besser haben als die Eltern. Beides kann sich kombinieren. Das Kind soll im gleichen Bereich arbeiten wie der Vater oder die Mutter, aber in einer höheren Position. Zum Beispiel soll der Sohn eines Rechtspflegers Anwalt oder Richter werden.

Bei Frauen gibt es ein weiteres, geschlechtsspezifisches Problem. Wenn die Mutter keinen Beruf erlernt oder den Beruf aufgegeben hat, als Kinder kamen, fehlt dem Mädchen in der Familie ein Vorbild dafür, wie sie die Rolle der berufstätigen Frau mit einer Tätigkeit als

Hausfrau und Mutter kombinieren kann. Vorbilder können anspornen, aber auch entlasten. Viele solcher Frauen entwickeln bezüglich der Möglichkeiten einer solchen Kombination überhöhte Anforderungen an sich selbst. Wenn sie erlebt hätten, dass die Mutter eine Kombination geschafft hat, aber unter Schwierigkeiten, hätten sie realistischere Vorstellungen entwickelt.

Viele Eltern machen sich nicht klar, wie negativ es sich auswirken kann, wenn jemand außerhalb seiner Begabungsschwerpunkte beansprucht wird. Qualitative Aufträge an ein Kind können dazu führen, dass es in Ausbildung oder Studium scheitert, obwohl es für andere, gleichwertige Berufe die Voraussetzungen mitbrächte. Umgekehrt kann es sein, dass ein Kind dagegen protestiert, den gleichen Beruf ergreifen zu sollen wie der Vater oder die Mutter und ihn deshalb ablehnt, obwohl gerade da sein Begabungsschwerpunkt liegt. Wäre es nicht dazu gedrängt worden, hätte es vielleicht den passendsten Beruf gewählt.

Wenn ein praktischer Arzt möchte, dass sein Sohn oder seine Tochter Universitätsprofessor bzw. Universitätsprofessorin wird, der Sohn oder die Tochter aber dafür nicht die nötigen intellektuellen und charakterlichen Voraussetzungen hat, wird schon das Medizinstudium aus Gründen inneren Protests nicht geschafft. Das kann selbst dann passieren, wenn die Voraussetzungen für den von den Eltern gewünschten Aufstieg an sich gegeben sind. Der innere Protest verhindert, dass sie beim Studium umgesetzt werden.

Eltern können sich für die Fortschritte eines Kinder in Schule, Ausbildung oder Studium zu viel oder zu wenig interessieren. Legen sie ein zu großes Gewicht darauf, dass das Kind Fortschritte macht, kann es sich überfordert fühlen und protestieren. Interessieren sich die Eltern zu wenig, kann das Kind den Eindruck haben, dass die Eltern sich für ihn *als Person* nicht interessieren. Das Interesse kann fehlen, die Eltern können aber auch autoritäre Eltern gehabt haben und im Kontrast zu ihnen darauf bedacht sein, dem Kind viel Freiheit zu lassen und es nicht einzuengen. Das Kind kann dann den Eindruck haben, seine Leistungen seien den Eltern gleichgültig. Dieser Eindruck führt unter Umständen dazu, dass das Kind eigene Maßstäbe entwickelt, die es überfordern. Oft äußert sich die Einstellung der Eltern schon vor Beginn der Schulzeit, im Vorschulalter. Zu dieser Zeit wirkt sie sich besonders stark aus, wenn das Kind keinen Kindergarten besucht. Die Erzieher und die anderen Kinder können nicht als Korrektiv wirken.

Entwertende Kritik kann sich unterschiedlich auswirken. Freud hat von seinem Vater berichtet, dass er, als er einmal in Schlafzimmer der Eltern auf dem Boden uriniert hatte, sagte: »Aus dem Bub wird nichts.« Das habe Freud angeregt, das Gegenteil zu beweisen. Identifiziert sich das Kind aber mit der Einschätzung der Eltern, entwickelt es ein negatives Selbstbild. Manche Kinder spüren auch, dass es die Eltern sehr treffen würde, wenn ihre Prognosen einträten. Ist die Kränkung groß und häufig genug, kann es sein, dass sie es im späteren Leben darauf anlegen zu scheitern, um den Eltern Recht zu geben und sich dadurch zu rächen.

Unabhängig von der Einschätzung der Eltern wählen manche Menschen einen Beruf außerhalb ihres Begabungsschwerpunkts, weil es sie kränkt, »das nicht auch zu können«. Während meiner Ausbildungszeit habe ich gerade in chirurgischen Kliniken Kollegen mit »zwei linken Händen und lauter Daumen« angetroffen. Sie hofften anscheinend, dass die Ausbildung zum Chirurgen den kränkenden Mangel an manuellem Geschick ausgleichen würde.

Viele Menschen nutzen ihre Möglichkeiten nicht aus, weil sie sich zu wenig zutrauen. Bei depressiv Strukturierten und phobisch Strukturierten ist das nicht selten der Fall. Das führt zu unterfordernden Berufswahlen. Eine unterfordernde Berufswahl kann auch damit zu tun haben, dass die eigene Begabung realitätsgerecht eingeschätzt wird, die in einem bestimmten Beruf notwendige Begabung aber überschätzt wird. Dazu kann es kommen, wenn Kinder den sozialen

Abstand zwischen den Eltern und den Angehörigen des gewünschten Berufs für zu groß halten. Ein Patient mit gutem Abitur sagte mir einmal: »Eigentlich gehöre ich nicht an die Universität«, ohne das zunächst begründen zu können. Die Gründe wurden erst im weiteren Interview und im Laufe der Therapie klar. Einer der Gründe war die Identifikation mit dem Vater, einem »Nicht-Akademiker«.

Neugier

Unter »Neugier« kann Unterschiedliches verstanden werden. Einem Tier, das sich explorierend verhält, indem es eine neue Umgebung erkundet, wird oft Neugier zugeschrieben. An sich ist das Explorieren ein zweckmäßiges Verhalten, das man bei Menschen findet, die in eine neue Umgebung kommen, etwa in ein unbekanntes Hotelzimmer, wo ein Gast nachsieht, wo es zum Badezimmer geht und wo die Lichtschalter liegen. Manche Wissenschaftler bezeichnen sich mit einem gewissen Stolz als neugierig und vertreten, dass ein Wissenschaftler neugierig sein muss. Hier handelt es sich um eine besondere Form von Neugier, die man auch als Wissensdurst bezeichnet.

Neugier, die sich auf Informationen bezieht, die einer privaten Schutzzone angehören, wird eher negativ bewertet. Hinter dem Rücken einer Person, die Neugier hervorruft, kann über sie »geklatscht« oder »getratscht« werden. Die dabei ausgetauschten Informationen können im sozialen Umgang mit der Person nützen, über die getratscht wird. Auch können die dabei gewonnenen Erkenntnisse beim Umgang mit anderen Menschen nützlich sein.

In einer Psychotherapie kann Wissensdurst dazu führen, dass die therapeutische Aufgabe vernachlässigt wird. Manche sagen, dass Sigmund Freuds Behandlung von Dora vor allem deshalb scheiterte, weil ihn sein Wissensdurst daran hinderte, seine explorierenden Interpretationen den Toleranzgrenzen der Adoleszenten Dora anzupassen.

Klatsch oder Tratsch sind trotz ihrer Nützlichkeit nicht oder nicht nur durch Zweckmäßigkeitserwägungen motiviert. Es macht auch Spaß, etwas über seine Mitmenschen zu erfahren. Menschen mit verschiedenen Charakterstrukturen interessieren sich für Unterschiedliches und achten auf Unterschiedliches.

Schizoid Strukturierte interessieren sich meist wenig für private Details, allenfalls als Beispiele für Prinzipielles. Sie beobachten unter anderem, um aus dem Beobachteten abstrahieren zu können und zu Prinzipiellem zu gelangen. Überhaupt ist das Interesse schizoid Strukturierter für Details in der äußeren Realität oft gering, was dazu führen kann, dass sie falsche Schlüsse ziehen. Natürlich kann es andererseits dazu verhelfen, Gemeinsamkeiten zu erkennen, wenn jemand von unterscheidenden Details zunächst absieht und sich auf Gemeinsamkeiten konzentriert. *Zwanghaft Strukturierte* sehen oft zu wenige Gemeinsamkeiten, weil sie zu sehr auf unterscheidende Details achten. Man kann auch sagen, dass es schizoid Strukturierten Spaß macht, Gemeinsamkeiten zu entdecken, und es zwanghaft Strukturierten Spaß macht, Wissen über Details zu gewinnen.

Narzisstisch Strukturierte, die sich auf Anerkennung oder Bewunderung angewiesen fühlen, möchte erfahren, wie sie eingeschätzt werden. Werden sie positiv eingeschätzt, bewerten sie das positiv; werden sie negativ eingeschätzt, schützen sie sich vor Kränkung meist dadurch, dass sie den Einschätzenden entwerten: Taugt der Einschätzende nichts, braucht man seine Einschätzungen nicht ernst zu nehmen. Natürlich kann es wichtig sein zu wissen, wie man eingeschätzt wird. Die Konzentration auf diese Frage kann aber dazu führen, dass man Anderes vernachlässigt.

Für *depressiv Strukturierte* sind Menschen besonders wichtig. Der depressiv Strukturierte möchte herausfinden, wie er mit einem

Anderen so umgehen kann, dass der die Beziehung als befriedigend erlebt und sie aufrechterhalten will. Auch über Menschen, mit denen er nicht unmittelbar umgeht, möchte der depressiv Strukturierte viel erfahren, um seine Menschenkenntnisse zu erweitern. Sie können ihm im Umgang mit Menschen, die er zufrieden stellen möchte, nützlich sein. Angehörige sozialer Berufe habe meist einen depressiven Strukturanteil. Neugier auf Menschen kann ihre berufliche Kompetenz erhöhen.

Bei *zwanghaft Strukturierten* dienen Informationen über andere Menschen der Kontrolle. Je mehr sie über Menschen wissen, desto besser können sie diese kontrollieren. »Kontrollieren« ist hier nicht nur im Sinne von Prüfen gemeint, sondern auch im Sinne von Beherrschen. Im Angelsächsischen hat »to control« diese Doppelbedeutung. Zum Beispiel erwirbt jemand eine Aktienmehrheit bei einem Unternehmen und »kontrolliert« es dann.

Das Sammeln von Informationen über andere Menschen ist bei Zwanghaften mit einem Wunsch nach Vollständigkeit verbunden. Der Zwanghafte möchte am liebsten »alles« über andere Menschen wissen. Das kann sich ungünstig auswirken, wenn der Zwanghafte über dem Sammeln von Informationen die Übersicht verliert. Dass ein Berücksichtigen sowohl von Details als auch von Zusammenhängen wichtig sein kann, zeigt sich auch in den Wissenschaften. Darwin sammelte viele Informationen, und aus den von ihm entdeckten Gemeinsamkeiten zwischen verschiedenen Tierarten entwickelte er die Evolutionstheorie. Hier kombinierte sich ein Interesse an Details mit einem Interesse an Zusammenhängen. Ohne sein Interesse an Gemeinsamkeiten wäre er ein Sammler geblieben.

Phobisch strukturierte Menschen streben nach Informationen, um mit anderen Menschen besser umgehen zu lernen. Das ist für den Umgang mit den Menschen wichtig, die sie als steuerndes Objekt brauchen. Befinden sie sich selbst in einer solchen Funktion, ist Harmonie auch wichtig, damit sie ihre Funktion wirksam ausüben können. Der Wunsch, viel über andere Menschen zu erfahren, steht manchmal in einem Konflikt zu dem Wunsch, nicht aufdringlich zu wirken. Manche phobisch Strukturierte verhalten sich, wenn ihnen ein steuerndes Objekt fehlt, in Beziehungen wie ein blinder Passagier auf einem Schiff. Sie möchten »mitfahren«, aber nicht auf sich aufmerksam machen. Informationen sammeln dient dann dem sich effektiv Verbergen. In Berufen, in denen konkrete Interaktionen wichtig sind, kann das Sich-Verbergen natürlich stören.

Hysterisch strukturierte Menschen vom phallisch-narzisstischen Typ wollen mit ihren Geschlechtseigenschaften gut ankommen. In diesem Zusammenhang interessieren sie die Reaktionen anderer Menschen. Werden ihre Geschlechtseigenschaften nicht goutiert, entwerten phallisch-narzisstisch strukturierte Menschen den, dem sie nicht gefallen. Darin gleichen sie den narzisstisch Strukturierten, nur dass sich die Anerkennung oder Bewunderung auf Geschlechtseigenschaften beziehen soll.

Während sich phallisch narzisstisch Strukturierte in ihrer Männlichkeit oder Weiblichkeit bestätigt sehen wollen, geht es den *hysterisch Strukturierten vom ödipalen Typ* darum, dass sie nicht nur wegen ihrer Geschlechtseigenschaften, sondern auch wegen Eigenschaften allgemeinerer Art vorgezogen werden möchten. Deshalb wollen sie nicht nur Reaktionen auf ihre Geschlechtseigenschaften erfahren. Eine realistische Bewertung der Informationen wird oft dadurch behindert, dass sie im Grunde meinen, für Erwachsene seien die gleichen Eigenschaften und Verhaltensweisen wichtig, mit denen sie als Kind in der ödipalen Entwicklungsphase Erfolg hatten. Haben sie mit ihnen Misserfolge, verunsichert sie das und erhöht ihr Informationsbedürfnis.

Andere hysterisch Strukturierte vom ödipalen Typ möchten wissen, welches Verhalten gewünscht wird, um sich den Wünschen der begehrten Person anpassen zu können (»ich bin so, wie du mich haben willst«). Ihre starke Tendenz, den Wünschen Anderer entgegenzukommen, kann sie dazu veranlassen, bei verschiedenen Menschen unterschiedliche Positionen zu vertreten, die einander widersprechen. Zum Beispiel vertreten sie im Umgang mit verschiedenen Funktionsträgern in einem Betrieb unterschiedliche Positionen für den Umgang mit einem Projekt.

Schüchternheit und Anerkennung

Schüchternheit im Umgang mit Menschen kann so intensiv ausgeprägt sein, dass sie Krankheitswert hat und psychotherapeutisch behandelt werden sollte. Schüchternheit tritt bei vielen Menschen auf, wenn sie sich in einer fremden Umgebung befinden und mit Menschen zusammentreffen, die einer anderen Gesellschaftsschicht oder einer anderen Kultur angehören. Man weiß nicht, welches Verhalten erwartet wird, wie man sich »benehmen« soll. Dafür gibt es Benimm-Regeln, die in den so genannten Benimm-Büchern beschrieben werden. Einige dieser Benimm-Bücher (z. B. Meyden 2008) beschreiben, wie man sich im Geschäftsleben im Inland und im Ausland verhalten und kleiden soll, ohne unangenehm aufzufallen. Wer gegen die Regeln verstößt, outet sich als jemand, der nicht dazugehört oder sich nicht auskennt.

In der eigenen Kultur geht es mehr um das Dazugehören. Bestimmte Verhaltensweisen variieren mit den sozialen Schichten, und Aufsteiger müssen umlernen. Aber auch Absteiger fallen unangenehm auf, wenn sie in ihrer Arbeitsumgebung ein anderes Verhalten an den Tag legen als die Leute, die neben ihnen gleiche Arbeit verrichteten. Ein passendes Benehmen bei außerhäuslichen gesellschaftlichen Anlässen kann man nicht in der Familie lernen. Im 19. und teilweise noch im 20. Jahrhundert wurde den Kindern der Oberschicht ein korrektes Benehmen durch Angestellte beigebracht. In der oberen

Mittelschicht hatte lange Zeit die Tanzstunde eine solche Funktion, neben dem Erlernen der Gesellschaftstänze. Heute gibt es Seminare für das Benehmen im Geschäftsleben und im Ausland. Andere erlernen passendes Benehmen eben aus Büchern oder durch Abgucken. Dass ein beobachtetes Verhalten nachgeahmt wird, kann mit der besondere Attraktivität eines Individuums zusammenhängen. Es wird zum Vorbild genommen (»ich möchte so sein wie der«). In Schillers *Wallenstein* heißt es von Leuten, die den Feldherrn nachahmten: »Wie er sich räuspert und wie er spuckt, das habt ihr ihm glücklich abgeguckt.« Damit wurde gesagt, dass mehr dazu gehört, wie ein bewunderter Mann zu sein, als sein äußeres Verhalten nachzuahmen.

Neben Schüchternheit, die damit zusammenhängt, dass jemand nicht weiß oder unsicher ist, wie er sich in einer bestimmten Situation benehmen soll, gibt es noch andere Gründe, sich schüchtern zu verhalten. Dazu gehört ein geringes allgemeines Selbstvertrauen, das dazu führen kann, dass jemand weiß, wie er sich benehmen sollte, aber daran zweifelt, ob es ihm gelingen kann. Manche haben auch übersteigerte Vorstellungen davon, wie wichtig Fehler im Benehmen in einem bestimmten Personenkreis genommen werden. Wichtig kann auch ein negativer Ruf sein, von dem man annimmt, dass der einem vorausgeht. Letzteres spielte nach dem Zweiten Weltkrieg bei Auslandsaufenthalten Deutscher eine große Rolle.

Auch die Persönlichkeitsstruktur hat natürlich Einfluss darauf, ob sich jemand schüchtern fühlt und verhält: *Schizoid Strukturierte* kümmern sich meist wenig um ihre Außenwirkung. Von Albert Einstein, der vermutlich einen erheblichen schizoiden Strukturanteil hatte, wird berichtet, dass er auf seine Kleidung wenig Wert legte und sich manchmal ungewöhnlich verhielt. Bekannt geworden ist ein Bild, wo er Fotoreportern die Zunge herausstreckt. Es gibt auch schizoid Strukturierte, die sich sorgfältig kleiden, dabei aber Wert darauf legen, sich anders zu kleiden als die Menschen, mit denen sie umgehen, um sich von ihnen abzuheben.

Narzisstisch Strukturierte legen oft keinen Wert auf ihre Kleidung, wenn sie meinen, das nicht nötig zu haben, weil sie sich ohnehin als jemand Besonderes sehen und ihnen die Meinung der Menschen, mit denen sie umgehen, gleichgültig ist. Andere sind auf ihre Wirkung sehr bedacht. Sie verhalten und kleiden sich auf eine bestimmte, überlegte Weise, um beabsichtigte Wirkungen zu erzielen.

Depressiv Strukturierte haben oft den Eindruck, dass sie nicht viel wert sind und es unpassend wäre, wenn sie Sorgfalt auf ihr äußeres Erscheinungsbild verwenden und damit einen großen Aufwand treiben würden. Sie kleiden sich meist bescheiden, worauf sie stolz sind. Manchmal dient der Einsatz für andere als Begründung für einen größeren Bekleidungsaufwand; zum Beispiel wenn es um Veranstaltungen geht, bei denen Geld für andere Menschen gesammelt werden soll. Dann kann eine depressiv strukturierte Frau sich frei fühlen, sich so zu kleiden, dass es »passt«. In ihrem sonstigen Verhalten suchen depressiv Strukturierte sich den Erwartungen anzugleichen. Sie erklären dann auf Nachfrage, dass sie andere nicht durch ein unpassendes Benehmen belästigen wollen oder dass sie dazugehören möchten.

Zwanghaft Strukturierte möchten sich »richtig« oder »korrekt« verhalten. Ein Verhalten, das den sozialen Vorschriften entspricht, fordern sie von sich und anderen. Benimm-Regeln erhalten die Dignität moralischer Forderungen. Wer sich nicht korrekt verhält, sündigt gewissermaßen. Ähnlich wie sie sich als Hüter der Moral sehen können, sehen sie sich als Hüter korrekten Benehmens. Auch die Kleidung soll »korrekt« sein. Können sie aus unabweisbaren Gründen einer von ihnen selbst vertretenen Regel nicht entsprechen, kann sie das verunsichern, wenn es ihnen nicht gelingt, andere verantwortlich zu machen – etwa mit folgender Argumentation: Dass nicht richtig darüber informiert wurde, wie man zu einem bestimmten Anlass angezogen sein soll. Wenn sie sich in irgendeiner Form daneben benommen haben, erklären sie das etwa dadurch, dass sie momentan abgelenkt wurden, so dass sie auf ihr eigenes Verhalten weniger achten konnten. Dabei handelt es sich nicht um Ausreden, sondern um Rationalisierungen, mit denen sie sich selbst täuschen.

Phobisch Strukturierte verhalten sich generell schüchtern, weil die Befürchtung, sich sozial inadäquat zu benehmen, für sie zentral ist. Sie möchten nicht unangenehm auffallen und fürchten soziale Ausgrenzung. Die phobische Struktur disponiert mehr als alle anderen zur Schüchternheit (König 1981).

Kontraphobisch Strukturierte setzen sich gern über soziale Regeln hinweg, sie verhalten sich insofern spiegelbildlich zum phobisch Strukturierten. Geraten sie dadurch in Schwierigkeiten, können sie in die unter der kontraphobischen Struktur liegende phobische Struktur in ihrem Erleben und Verhalten zurückfallen, sie werden sozial ängstlich.

Phallisch-narzisstisch strukturierte Männer und männlich identifizierte phallisch-narzisstische Frauen achten sehr darauf, dass sie sich im Rahmen der Konventionen männlich verhalten. Eine Frau setzt in ihrer Kleidung männliche Akzente oder kleidet sich »sportlich«. Sportkleidung hat heute einen Unisex-Charakter, sportliche Kleidung weitgehend auch. Ein Mann betont das Männliche, oft ebenfalls im Sinne von »sportlich«, selbst dann, wenn eine solche Kleidung gar nicht in die Umgebung passt. Im Verhalten können sich diese Frauen den Männern weitgehend angleichen, ohne dass es unangenehm auffallen würde.

Phallisch-narzisstische Frauen, die mit dem klassischen Frauenbild identifiziert sind, betonen in der Kleidung und in ihrem Verhalten ihre Weiblichkeit. Sie wollen sich von Männern unterscheiden. Im Verhalten sind sie zurückhaltend, während phallisch-narzisstische Männer und männlich identifizierte phallisch-narzisstische Frauen eher laut sind und gesehen werden möchten. Frauen, die mit dem klassischen Frauenbild identifiziert sind, können im Vergleich zu den männlichen identifizierten Frauen eher schüchtern wirken.

Insgesamt neigt die phallisch-narzisstische-Struktur aber wenig zur Schüchternheit.

Die meisten Menschen mit einer *hysterischen Struktur vom ödipalen Typ* möchten gesehen und beachtet werden, wobei sie sich so darstellen, wie sie glauben, dass sie gefallen können. Je nachdem, an wen sie sich richten, können sie sehr unterschiedlich auftreten, was Kleidung und Benehmen angeht. Weil sie trainieren, sich auf andere Leute einzustellen, macht es ihnen wenig Mühe, sich passend zu verhalten. Zur Schüchternheit disponiert diese Struktur in der Regel nicht.

Protest

Protest kann zu interpersonellen Schwierigkeiten führen. Um die zu verhindern, kann er abgewehrt und nicht ins Bewusste gelassen werden. Dann gibt es mehrere Möglichkeiten: Protest findet nicht statt, er wird auf andere Menschen projiziert, die dann als aggressiv erlebt werden, oder er setzt sich dennoch durch und führt zu einem aggressiven Handeln, dessen wahres Motiv – eben Protest – aber unbewusst bleibt. Das Handeln wird rationalisiert, d. h., es werden »vernünftige« Gründe dafür gefunden und vorgebracht, wenn der so motiviert Handelnde auf sein Handeln angesprochen und nach den Ursachen gefragt wird.

Das Gegenwartsunbewusste (Sandler und Sandler 1985) steht mit der realen Außenwelt in einer Verbindung, die es ihm gewissermaßen gestattet, die reale Situation zu prüfen und danach zu entscheiden, ob abgewehrt werden soll. Ein Protest kann eher erlebt werden, wenn seine Umsetzung als ungefährlich antizipiert wird. Der Betreffende kann immer noch entscheiden, ob er den bewusst erlebten Impuls in Handeln umsetzt oder nicht. Manchmal wird ein Protest auf Kleinigkeiten verschoben, gegen die protestiert wird.

Wie jemand mit eigenem Protest umgeht, hängt auch von seiner Charakterstruktur ab: Für eine *schizoide Struktur* gilt, dass Protest auch dann offen geäußert wird, wenn das den Protestierenden in erhebliche Schwierigkeiten bringen kann. Die Gefahr wird nicht wahrgenommen. Die schizoid Strukturierten »gucken nicht hin«. Vielen ist auch egal, »was die Leute sagen«. Wenn etwas wahr ist, kann man das sagen, man muss es sogar sagen. Das führt auch zu Taktlosigkeiten, nicht nur im Zusammenhang mit Protest. Hierzu erzähle ich gern die chinesische Geschichte von einem Wanderer, der in ein Dorf kommt, wo gastfreundliche Leute wohnen, und der aus jedem Haus, das er betritt, in Kürze hinausgeworfen wird. Im letzten Haus des Dorfes wohnt ein Mann mit seiner Frau. Die Frau hat nur ein Auge. Als der Wanderer dort anklopft, fragt ihn der Mann: »Warum wurdest du überall hinausgeworfen?« Der Wanderer antwortet: »Ich sage immer die Wahrheit.« Der Mann sagt: »Wenn du immer die Wahrheit sagst, sollst du willkommen sein.« Als die drei sich zum Abendessen setzen, sieht der Wanderer die Frau an und sagt zu dem Mann: »Du und deine Frau, ihr habt zusammen nur drei Augen.« Der Mann wirft ihn hinaus.

Narzisstisch strukturierte Menschen sind oft geschickt im Umgang mit anderen Leuten. Sie versuchen, eigene Ziele manipulativ zu erreichen, und neigen wenig dazu, Protest ins Unbewusste zu verlagern. Protest wird entweder manifest, besonders bei starken Kränkungen, oder er wird zurückgehalten, bleibt aber bewusst und motiviert spätere Racheakte.

Mensch mit einer depressiven Struktur halten bewusst erlebten Protest meist zurück, wenn es ihnen wichtig ist, eine gute Beziehung zu dem aufrecht zu erhalten, gegen den sich ein Protest richten würde. Oft ist der Protest aber von Anbeginn nicht bewusst. Er bildet sich im Vorbewussten, das nach Sandler und Sandler (1985) mit dem Bewussten in Verbindung steht, und wird an der Grenze zwischen dem vorbewussten und dem bewussten Anteil des Ichs zurückgehalten. Oft richtet er sich dann gegen die eigene Person, was zu depressiven Reaktionen führt.

Die Entstehung von Protest wird auch dadurch verhindert, dass sich der depressiv Strukturierte die Schuld an etwas, gegen das er protestieren könnte, selbst zuschreibt. Dass er gegen eine verweigerte Gehaltserhöhung nicht protestiert, begründete er dann vor sich selbst in einer Weise, die den Verweigernden ausspart. Zum Beispiel denkt er, dass seine Leistungen doch nicht ausreichten, um eine Gehaltserhöhung zu rechtfertigen. Letztlich wendet er einen eigenen aggressiven Impuls gegen sich selbst. Depressiv Strukturierte können aber offen protestieren, wenn andere Menschen als sie selbst benachteiligt werden. Dann nehmen sie vielleicht auch Nachteile für sich in Kauf, die daraus erwachsen.

Zwanghafte Strukturierte protestieren offen, wenn sie das Recht auf ihrer Seite sehen. Sie handeln dann nicht nur in ihrem eigenen Interesse, sondern auch im Interesse von Recht und Gerechtigkeit. Ist es fraglich, ob sie Recht haben, wehren sie Impulse zu protestieren ab. Die mit diesen Impulsen verbundene Aggressivität äußert sich dann indirekt, etwa durch Fehlleistungen oder durch verstärktes Kontrollieren, was auch damit zusammenhängen kann, dass sie aus Erfahrung fürchten, bei einer Arbeit Fehler zu machen, die sie als unverzeihlich empfinden. Das Kontrollieren verlangsamte ihre Arbeit, wodurch sich der Protest teilweise durchsetzt. Nicht selten protestieren sie, wenn anderen Menschen etwas geschieht, was sie selbst als ungerecht empfinden. Hier fühlen sie sich wieder im Bund mit Recht und Gerechtigkeit.

Mensch mit einer phobischen Struktur, denen Harmonie in interpersonellen Beziehungen besonders wichtig ist, haben oft gute Fähigkeiten entwickelt, Harmonie herzustellen. Protest wird meist indirekt und fast immer freundlich angebracht. Tatsächlich gelingt es ihnen dann oft, ihre Interessen durchzusetzen, ohne die interpersonelle Harmonie zu stören. Erscheint ihnen diese Form des Protests nicht möglich, kann es sein, dass sie auf Protest verzichten. Vielleicht suchen sie dann nach einer Beziehung zu einem anderen Menschen oder einer anderen Gruppe von Menschen, denen gegenüber sie ihre Interessen mit mehr Aussicht auf Erfolg vertreten können.

Kontraphobisch strukturierte Menschen verhalten sich insofern spiegelbildlich, als sie von sich verlangen, Protest offen zu äußern, weil das für sie eine Art Mutprobe darstellt. Hat das sehr negative Folgen für sie, kann es sein, dass sie in die phobische Gegenposition zurückkippen und »nichts mehr sagen«.

Menschen mit einer hysterischen Struktur vom phallisch-narzisstischen Typ versuchen, sich im Einklang mit den angestrebten Geschlechtseigenschaften zu verhalten. Ein Mann und eine männlich identifizierte Frau mit einer phallisch-narzisstischen Struktur protestieren mutig, wenn Mut für sie ein Merkmal von Männlichkeit ist. Meinen sie, dass umsichtiges Handeln mit zur Männlichkeit gehört, versuchen sie, sich entsprechend zu verhalten. *Frauen, die mit der klassischen weiblichen Rolle identifiziert sind,* halten sich mit Protesten dann zurück, wenn sie ein »liebes Mädchen« oder eine warme und fürsorgliche, altruistisch handelnde Frau sein wollen. Dann kann es sein, dass sie ihre Interessen zurückstellen und darunter letztlich leiden.

Eine hysterische Struktur vom ödipalen Typ disponiert zur Anpassung an die Wünsche einer Person, zu der eine privilegierte Beziehung gesucht wird. Deren Wünsche werden auch dann erfüllt, wenn sie sonst als Zumutung empfunden würden. Befindet sich jemand mit einer solchen Struktur aber nicht in einem ödipalen Dreieck, kann es sein, dass er oder sie mit einem Protest »herausplatzt«, ohne die Form des Protests so zu gestalten, dass er Erfolg haben kann. Sie möchten sich spontan verhalten und also spontan protestieren, ohne lange Überlegung. Taktische Überlegungen werden abgelehnt, weil sie der Spontanitätsideologie nicht entsprechen.

Aufstieg und Abstieg

Dem Psychiater Ernst Kretschmer wird die Äußerung zugeschrieben, dass man sich in seiner sozialen Schicht erst dann wohl fühlt, wenn man ihr in dritter Generation angehört. Kretschmer gehörte einer Pfarrrersfamilie an, die auf mehrere Pfarrergenerationen zurückblicken konnte.

Als ich Medizin studierte, gab es in Göttingen etwa 5.000 Studenten. Heute gibt es fünfmal so viele. An anderen Universitäten liegen die Verhältnisse ähnlich. Auch wurden viele neue Universitäten gegründet. Die Mehrzahl der heutigen Studenten stammt nicht aus Akademikerfamilien und auch nicht aus anderen Familien der oberen Mittelschicht. Man kann sagen, dass die heutigen Akademiker in der Mehrzahl Aufsteiger sind. Ein jeder soziale Aufstieg bringt Probleme, die bewältigt werden müssen. Dabei ist die Persönlichkeit des Betreffenden wichtig.

Von *schizoid Strukturierten* wird eine hohe soziale Position nicht wegen des damit verbundenen Ansehens angestrebt. Diesen Aspekt zählen sie zu den Äußerlichkeiten. Angestrebt wird sie eher wegen der damit verbundenen Möglichkeiten, Einfluss zu nehmen. Das gilt besonders dann, wenn der schizoid Strukturierte Utopien verwirklichen möchte. Die mit einer hohen sozialen Position oft verbundenen ökonomischen Vorteile können motivieren, eine solche Position anzustreben, weil sie die Nähe-Distanz-Regulation erleichtern. Wer Geld für ein Taxi hat, braucht sich nicht in einen überfüllten Bus zu zwängen. Braucht er Hilfe beim Umzug, muss er nicht Freunde und Bekannte, so er sie hat, um Hilfe bitten. Er kann einfach eine Firma beauftragen.

Von *narzisstisch Strukturierten* wird eine hohe soziale Stellung meist angestrebt, weil sie die Phantasie zu bestätigen scheint, auf einer höheren Ebene zu leben als die meisten anderen Menschen. Ökonomische Vorteile machen es ihnen leichter, sich als etwas Besonderes darzustellen. Wird die soziale Position infrage gestellt, kränkt sie das mehr als andere.

Ein Mensch mit einer *depressiven Struktur* strebt eine hohe soziale Stellung nicht an, weil er deren Vorteile genießen wollte. Sie sind ihm erst einmal unangenehm. So kleiden sich erfolgreiche und ökonomisch reiche depressiv Strukturierte oft besonders bescheiden. Sie berichten stolz, dass sie Konfektionsanzüge tragen und einfache Gerichte essen. Sie können aber eine hohe soziale Stellung einschließlich der damit verbundenen ökonomischen Vorteile anstreben, wenn sie Einfluss und Geld brauchen, um soziale Projekte zu verwirklichen.

Zwanghaft Strukturierte streben hohe soziale Stellungen in erster Linie wegen der Macht an, die damit verbunden sein kann. Haben sie reale Macht, können sie tolerant und großzügig werden. Es ist ja gesichert, dass sie »oben« sind. Oft haben sie ein besonderes Verhältnis zu Geld. Der Besitz von Geld ist für sie wichtiger als das, was sie dafür kaufen könnten. Deshalb leben viele zwanghaft Strukturierte auch dann sparsam, wenn ein Aufstieg ihnen viel Geld gebracht hat.

Phobisch Strukturierte begrüßen es, wenn sie eine hohe soziale Stellung erlangen können. Mit Geld und Einfluss können sie steuernde Objekte an sich binden. Auch hohes soziales Prestige kann Menschen, die für sie steuernde Objekte sind, dazu motivieren, bei ihnen zu bleiben.

Kontraphobisch Strukturierte fühlen sich bei ihren waghalsigen Unternehmungen sicherer, wenn sie Geld und Einfluss haben, die sie im Falle eines Scheiterns der Projekte vor negativen Folgen schützen können. Sie können dann mehr riskieren. Allerdings kann das dazu führen, dass sie dabei auch Risiken eingehen, deren Folgen mit Einfluss und Geld nicht repariert werden können.

Hysterisch Strukturierte mit einer phallisch-narzisstischen Struktur wünschen sich einen hohen sozialen Rang, weil sie einen hohen sozialen Rang zu den männlichen Geschlechtsmerkmalen zählen. *Phallisch-narzisstische Frauen, die mit der klassischen Frauenrolle identifiziert sind,* streben einen hohen Rang und Geld an, weil ihnen das ermöglicht, die Rolle einer »Prinzessin« einzunehmen.

Menschen mit einer hysterischen Struktur vom ödipalen Typ sehen ihre Attraktivität durch einen hohen sozialen Rang und durch Geld aufgewertet. Beide stellen sie aber in den Hintergrund, wenn sie einen Partner oder eine Partnerin für sich gewinnen wollen, die durch einen hohen sozialen Rang und durch Geld eher abgeschreckt werden (»ich bin so, wie du mich haben willst«).

Hysterisch Strukturierte vom ödipalen Typ, die zu impulsivem Handeln neigen, möchte gern viel Geld haben, um negative Folgen ihres impulsiven Handelns ausgleichen zu können. Allerdings passen sie die Dimensionen ihres impulsiven Handelns dann den ökonomischen Möglichkeiten an, was dazu führen kann, dass sie ihr Vermögen verlieren.

Auch der *Umgang mit einem sozialen Abstieg* unterscheidet sich zwischen den Persönlichkeitsstrukturen: *Schizoid Strukturierte* sind von den äußeren Lebensbedingungen wenig abhängig, weil sie mehr nach innen gewandt sind. Ein Verlust sozialen Ansehens berührt sie wenig. Schlimmer kann für sie der Verlust von Geldmitteln sein, wenn sie ihnen dabei geholfen haben, ein autarkes Leben zu führen; sie brauchten niemanden um etwas zu bitten, weil sie es sich kaufen konnten. Geraten sie unter den Druck ihrer Familien, denen es an Geld mangelt, kann es sein, dass sie sich trennen und irgendwo ein minimales Leben führen.

Narzisstisch Strukturierte leiden wohl am meisten unter einem Verlust von Ansehen und Geltung. Sie nehmen es sich auch übel, dass sie den Abstieg nicht verhindern konnten. Ein sozialer Abstieg konfrontiert sie in direkter Weise mit den Grenzen ihrer Möglichkeiten. Weniger leiden sie, wenn sie Mitglieder eines Kollektivs oder eines Volkes sind, das im Ganzen abgestiegen ist. Es kommt ihnen auf den Vergleich mit anderen Menschen an. Wenn es allen schlecht geht, leiden sie sehr viel weniger, als wenn sie die einzigen wären. Das geht wohl den meisten Menschen so, ist bei narzisstisch Strukturierten aber besonders ausgeprägt.

Depressiv Strukturierte beklagen einen Verlust von Möglichkeiten, anderen zu helfen. Ein sozialer Abstieg bestätigt sie in ihrer niedrigen Selbsteinschätzung. Reale ökonomische Not ertragen sie meist besser als viele andere, weil sie für sich selbst wenig haben wollen und das Auftreten eines realen Mangels weniger schlimm ist als unbewusste Phantasien, wie ein alleingelassener Säugling zu verhungern und zu verdursten. In Notsituationen zeigen sie oft mehr Initiative, als wenn es ihnen gut geht. Sie strampeln, um herauszukommen, die Not zwingt sie unmittelbar dazu. Dann kann es ihnen auf scheinbar paradoxe Weise in einer Notsituation psychisch besser gehen als in ökonomischer Fülle. Sie leiden aber, wenn es ihrer Familie schlecht geht.

Für zwanghaft Strukturierte ist ein sozialer Abstieg meist mit einem Erleben von Machtverlust verbunden. Einen Verlust von Geld empfinden zwanghaft Strukturierte bei starker Ausprägung ihrer Struktur wie einen Verlust von Körpersubstanz. Es kann sein, dass sie nach dem sozialen Abstieg nicht weniger Geld ausgeben als vorher, sie waren schon vorher sparsam, aber den Verlust des nicht genutzten »Betongeldes« ertragen sie schwer. Ein sozialer Abstieg, der sich vorwiegend im Ökonomischen äußert, bestätigt auch, dass sie mit ihrem Sicherheitsstreben Recht hatten, und sie klammern sich an das übrig gebliebene Geld, wenn noch welches da ist.

Mehr als viele Andere vermissen sie auch den Verlust einer produktiven Arbeit. Für sie ist es besonders wichtig, ob der soziale Abstieg mit einem Verlust von Arbeitsmöglichkeiten verbunden ist, etwa beim Verlust einer ausreichend bezahlten Anstellung.

Phobisch Strukturierten kann es nach einem sozialen Abstieg, ähnlich wie den depressiv Strukturierten, auf scheinbar paradoxe Weise besser gehen, weil die Realität ihre erkennbaren Grenzen hat, während die ängstigenden unbewussten Phantasien ohne scharfe Begrenzung waren. Phobisch Strukturierte fürchten aber, für Personen, die als steuernde Objekte infrage kommen, nicht mehr attraktiv genug zu sein. Häufig reagieren sie mit sozialem Rückzug, wenn sie ohne ein steuerndes Objekt sind.

Kontraphobisch Strukturierte leiden besonders, wenn der soziale Abstieg mit dem Scheitern einer eigenen Unternehmung zu tun hat. Oft ziehen sie sich dann phobisch zurück. Es geht ihnen besonders schlecht, weil sie nicht darin geübt sind, steuernde Objekte für sich zu gewinnen. Sie wollten ja nie auf solche Objekte angewiesen sein, und wenn sie in die phobische Position zurückgefallen sind, bräuchten sie welche.

Phallisch-narzisstisch strukturierte Männer und männlich identifizierte phallisch narzisstisch strukturierte Frauen fühlen sich durch einen sozialen Abstieg besonders dann eines Teils ihrer männlichen Merkmale beraubt, wenn der Abstieg selbstverschuldet ist. Der Abstieg nimmt ihnen nicht nur Möglichkeiten, Männlichkeit zu demonstrieren. Er ist selbst ein Beweis für mangelnde »männliche« Kompetenz.

Phallisch-narzisstische Frauen, die mit der klassischen Frauenrolle identifiziert sind, kommen mit einem sozialen Abstieg oft besser zurecht. Ihr inneres Bild von einer Frau, die in einer Notlage ihre Frau steht, ist oft Teil ihrer Vorstellungen davon, wie eine Frau zu sein hat und sich verhalten sollte. Eine Notlage bietet ihnen die Möglichkeit zu zeigen, was in ihnen steckt.

Menschen mit einer hysterischen Struktur vom ödipalen Typ versuchen oft, einen sozialen Abstieg in seiner Substanz und seinen Auswirkungen zu leugnen. Ähnlich wie sie sich im Alter noch so geben, als seien sie viel jünger, versuchen sie so aufzutreten, als verfügten sie noch über das Ansehen und die Mittel, die sie verloren haben. Sie spielen die angestammte Rolle weiter, solange es geht. Lassen sich die Folgen des sozialen Abstiegs nicht mehr leugnen, wird er umso stärker empfunden. Es kann zu einem totalen Rückzug aus Beziehungen kommen, wenn sie nicht mehr in der Lage sind, so aufzutreten wie früher.

Freizeit

Seit dem Beginn des Industriezeitalters mit zwölf Stunden Arbeit pro Tag und mehr, auch am Sonnabend, sind die Arbeitszeiten in der Industrie zurückgegangen. Man arbeitet heute um die vierzig Stunden, und in vielen Berufen besteht das Wochenende aus zwei Tagen. Die Reduktion der Arbeitszeit betrifft auch andere Berufe. Der Psychoanalytiker Sigmund Freud arbeitete 12 und mehr Stunden täglich, auch am Sonnabend. Heute arbeiten Psychoanalytiker in freier Praxis bis zu vierzig Stunden pro Woche mit ihren Patienten, üben aber oft noch ehrenamtliche Tätigkeiten aus.

Je höherrangig die Position eines Arbeitenden in einem Betrieb ist, desto länger arbeitet er meist. Ärzte, Rechtsanwälte, Architekten, Universitätsprofessoren haben selten eine 40-Stunden-Woche. Tatsächlich kann eine Arbeit, die körperlich wenig ermüdet und die Abwechslung bietet, viel länger durchgehalten werden als eine körperlich anstrengende, monotone Arbeit.

Was tun Menschen in ihrer Freizeit? Mit Fernsehen und Zuschauersport werden passiv Orientierten viele Angebote gemacht. Aktivere Menschen strukturieren ihre Freizeit und betreiben Liebhabereien. Andere suchen in der Freizeit abzuschalten und gar nichts zu tun, sie genießen die Untätigkeit, ohne sich zu langweilen. Sie langweilen sich nur bei einer monotonen Arbeit, nicht beim Nichtstun. Um Freizeit zu genießen zu können, müssen sie sich nach außen abschirmen. Andere gehen in der Freizeit aber auch gern unter Leute und unternehmen etwas gemeinsam.

Die Berufe unterscheiden sich bezüglich der Arbeitsintensität. Eine Hausfrau oder ein Hausmann hat meist lange Arbeitszeiten, während dieser Zeit arbeiten sie aber unterschiedlich intensiv. Arbeiter am Band tun eine Arbeit, die sich in ihrer Intensität über den Tag hinweg kaum unterscheidet. Sie können nach acht Stunden erschöpft sein.

In der klassischen Rollenverteilung kommt der Mann nach Hause, nachdem er gearbeitet hat, und möchte sich erholen. Die Frau stellt das Essen auf den Tisch. Der Mann holt sich Bier. Heute sind Mann und Frau oft beide berufstätig, sie teilen sich die Hausarbeit und die Kinderbetreuung. Beide kommen abends nach der Arbeit nach Hause – wenn Kinder da sind – oft mit Kindern, die aus Krippe, Kindergarten oder Kinderhort abgeholt wurden. Sie teilen sich die Tätigkeiten, die in der Abendzeit und auch morgens vor Beginn der Arbeit anfallen. Hier kann es dazu kommen, dass beiden keine Erholungszeit bleibt.

Manchmal hilft es, wenn die Arbeit klar aufgeteilt wird, so dass nicht immer ausgehandelt werden muss, wer was tut. Es kann auch zweckmäßig sein, wenn die morgendlichen und abendlichen Tätigkeiten abwechselnd durchgeführt werden, so dass einem Partner immer eine Erholungszeit bleibt.

In den Kapiteln über den Burnout habe ich schon erwähnt, dass es Berufe gibt, in denen man seine Arbeit abschließt und nichts an Arbeit liegen bleibt, und Berufe, wo immer Arbeit liegen bleiben muss, weil sie nicht an einem Tag erledigt werden kann, was es dann erschwert, sich Freizeit zu verschaffen und zu gönnen.

Menschen, die nicht in einer Partnerschaft leben, können das, was ihnen an zwischenmenschlichem Umgang fehlt, dadurch ersetzen, das sie viel ausgehen und sich dann in Gesellschaft anderer Menschen befinden, die keine großen persönlichen Ansprüche stellen. Man geht in eine Kneipe und verlässt sie wieder. Wenn man geht, wird einem das in der Regel nicht übel genommen. Manche suchen in der Kneipe die Interaktion mit anderen Menschen, andere sitzen nur da, trinken ihr Bier und beobachten die anderen Leute.

Andere kommunizieren zu Hause mit Hilfe ihres Computers. Im Internet gibt es Möglichkeiten zur Interaktion, aber auch die Möglichkeit, sich Informationen, Bilder oder Videos anzusehen, ohne selbst in Erscheinung zu treten und mit einem Menschen zu interagieren.

Was ein Mensch in seiner Freizeit tut, hängt von vielen Faktoren ab. Sicher haben seine Freizeitinteressen etwas mit seinen Talenten zu tun, aber auch mit seiner Charakterstruktur. Im günstigen Falle wird der Beruf so gewählt, dass er zu den Talenten und zum Charakter passt. Ein Beruf kann dann den ganzen Menschen gefangen nehmen, so dass »keine freie Minute« bleibt. So jemand kann dennoch zufrieden und sogar glücklich leben.

Schwierigkeiten gibt es oft mit den Angehörigen. Autoren wissenschaftlicher Bücher (auch ich) bedanken sich häufig bei ihren Familien für deren Geduld oder dafür, dass sie an den Wochenenden auf ihre Gesellschaft verzichtet haben. In diesem Zusammenhang ist es wichtig, dass die Angehörigen der Meinung sind, der Betreffende tue etwas Wichtiges, wenn auch für Menschen außerhalb der Familie. Vorteile für die Familie können sich ergeben, wenn die Arbeit Erfolg hat.

Wenn in der aktiv verbrachten Freizeit im Wesentlichen die gleichen Begabungen Anwendung finden wie im Beruf, *wird die Freizeit quasi zu einer Fortsetzung der beruflichen Tätigkeit.* Erholsamer scheint es zu sein, wenn in der Freizeit ein anderes Talent und andere Interessen Anwendung finden. Problematisch kann es sein, wenn das Talent, das die Wahl der Freizeitbeschäftigung bestimmt, das stärkste ist. Dann kann die Freizeit ein Übergewicht bekommen. Eine solche Freizeitbeschäftigung kann auch kompensatorisch wirken, wenn sie dem Betreffenden dabei hilft, in seinem Beruf durchzuhalten.

Schlimm kann es sich auswirken, wenn ein Beruf ausgeübt werden muss, für den der Betreffende *gerade nicht* begabt ist, etwa wenn ein manuell ungeschickter Mediziner, den es kränkt, ungeschickt zu sein, ausgerechnet Chirurg werden will, weil er hofft, als Chirurg geschickter zu werden, so dass er die kränkende Ungeschicklichkeit verliert. Im günstigen Falle wechselt der Betreffende seinen Beruf, und bis er das tut, kann ihn eine zufriedenstellende Freizeittätigkeit stabilisieren. Ungünstig ist es natürlich, wenn ein stabiler »fauler Kompromiss« geschaffen wird: der ungeschickte Mediziner bleibt Chirurg und findet Ausgleich in einem Hobby. Eine besonders ungünstige Konstellation entsteht, wenn jemand im Beruf *und* in der Freizeit eine überkompensierende Wahl trifft: Er wählt einen Beruf, für den er wenig geeignet ist, und ein Hobby, das sich wenig für ihn eignet.

Natürlich kann Freizeit hauptsächlich zum Ausruhen verwendet werden. Das funktioniert dann gut, wenn der Beruf voll zufriedenstellt und deshalb weder eine Ergänzung noch ein Ausgleich durch die Freizeit gefunden werden muss. Schließlich gibt es noch den Fall, dass die Freizeitbeschäftigung zur Hauptsache wird wie bei Franz Kafka, der als Jurist bei einer Versicherung arbeitete, die Schriftstellerei.

Neben den Begabungen spielt auch die Charakterstruktur bei der Wahl einer Freizeitbeschäftigung eine wesentliche Rolle: *Schizoid Strukturierte* befassen sich in ihrer Freizeit oft mit utopischen Projekten, deren Verwirklichung in einer fernen Zukunft liegt; Projekte die mit Leidenschaft verfolgt werden. Dies kann dadurch unterstützt werden, dass schizoid Strukturierte in Bezug auf eigenes Wohlergehen anspruchslos sind. Sie sind oft manuell ungeschickt, weil sie konkreten Umgang mit der äußeren Realität wenig einüben. Bei handwerklicher Arbeit sehen sie zu wenig hin. Das kann zu Arbeitsunfällen führen (s. Kap. Unfälle). Sie haben mehr Spaß an gedanklicher Tätigkeit. Hobbys, die zum Bereich des so genannten Denksports gehören, können sie interessieren.

Narzisstisch strukturierte Menschen leben wenigstens zum Teil in einer heimlichen Phantasiewelt, in der sie Erfolge feiern. Nach außen erscheinen sie vielleicht unscheinbar, irgendwann einmal werden ihre Fähigkeiten aber entdeckt werden. Die Phantasie, mit einem unscheinbaren Auto, das einen sehr starken Motor hat, auf der Autobahn zu fahren und alle zu überholen, beinhaltet narzisstische und phallisch-narzisstische Aspekte.

Im realen Leben wird Konkurrenz im Beruf oft vermieden, vor allem wenn sowieso keine Aussichten bestehen, groß rauszukommen. Zeit, Kraft und Geld werden in einen Arbeitsbereich investiert, den der Betreffende als Amateur betreibt. Misserfolge sind dort nicht so kränkend wie im Berufsleben, weil das »ja nur als Hobby« gemacht wird. Hat der narzisstisch Strukturierte dort Erfolge, wiegen die umso schwerer. Andere narzisstisch Strukturierte begnügen sich aber mit Phantasien.

Depressiv Strukturierte suchen sich oft ein rezeptives Hobby. Dafür bieten sich Musik und Kino an. Früher gingen depressiv Strukturierte mehrmals die Woche ins Kino, um am Leben der in den Filmen dargestellter Menschen als Beobachter teilzunehmen. Heute werden große Mengen von DVDs gekauft. Depressiv Strukturierte stöbern gern in Buchhandlungen, wenn sie nicht, was auch der Fall sein kann, die Verpflichtung spüren, sämtliche infrage kommenden Bücher zu lesen. Oft kaufen sie mehr Bücher, als sie lesen können. Eine depressiv strukturierte Patientin, die über sich gut Bescheid wusste, sagte mir einmal: »Ein Buchladen ist ein Schlaraffenland. Wenn man die Bücher liest, hat es aber den Vorteil, dass man nicht zunimmt.«

Andere depressiv Strukturierte kümmern sich in ihrer Freizeit um andere Menschen, für die sie sich einsetzen. Gelingt es ihnen, deren Lage zu verbessern, freuen sie sich mit ihnen. Diese Freude kann umso mehr genossen werden, wenn sie auch als Belohnung für geleistete altruistische Arbeit interpretiert wird.

Sammeln in seinen verschiedenen Formen findet sich als Freizeitbeschäftigung bei vielen *Menschen mit einer zwanghaften Struktur*. Beim Sammeln wird Vollständigkeit angestrebt, wenn sie zu erreichen ist, zum Beispiel beim Briefmarken-Sammeln, wo ein bestimmter Satz von Briefmarken komplett sein soll. Das Lösen von Kreuzworträtsel ist für zwanghafte Strukturierte ideal. Es müssen miteinander inhaltlich nicht in Beziehung stehende Wörter herausgefunden werden, und es ist möglich, Vollständigkeit zu erreichen.

Hat ein zwanghaft Strukturierter im Beruf regelmäßig Anweisungen »von oben« zu befolgen, so dass er sich »unten« befindet, kann es sein, dass er in der freien Zeit eine Betätigung sucht, bei der er »oben« sein kann, zum Beispiel als Trainer in einem Sportverein, in kirchlichen Gremien oder in einer Partei. Kann er sich in einer solchen, meist ehrenamtlichen Position halten, gelingt es ihm oft, eine Balance zwischen Beruf und Freizeitbetätigung herzustellen. Gelingt das einmal nicht, kann es sein, dass er während der Arbeit verstärkt gegen Menschen protestiert, die ihm Anweisungen geben. Oft kommt es dann zu aufreibenden interpersonellen Auseinandersetzungen.

In einem Haushalt wiederholen sich gewisse Tätigkeiten immer wieder. Deshalb kann die Hausarbeit als Sisyphusarbeit erlebt werden. Eine Tätigkeit, bei der Arbeiten abgeschlossen werden können, kann als Ausgleich dienen. Vielleicht arbeitet eine zwanghaft strukturierte Hausfrau gegen eine nominale Entlohnung stundenweise in einer Boutique. Sie verkauft einen Gegenstand, er wird bezahlt und damit ist die Arbeit abgeschlossen, wenn nicht umgetauscht wird.

Im Unterschied zu einer depressiv strukturierten Frau, die ihre Arbeit als einen Berg empfindet, weil sie die Arbeit aufgrund eines Initiativemangels schlecht strukturieren kann, kann eine zwanghafte Hausfrau ihre Arbeit ein Stück weit strukturieren, allerdings selten in einem Maße, das sie zufriedenstellen würde. Entsprechendes gilt für zwanghafte strukturierte Männer, die einen Teil der Hausarbeit übernehmen oder als Hausmann arbeiten. Auch sie können sich eine strukturiertere oder strukturierbarere Tätigkeit zum Ausgleich suchen.

Menschen mit einer phobischen Struktur können, wenn sie der Beziehung zu einem steuernden Objekt sicher sind, unauffällig funktionieren, aber nicht mehr, wenn eine solche Beziehung verloren geht. Entsprechendes gilt auch für die Freizeit. In Gesellschaft eines steuernden Objekts können sich phobisch Strukturierte frei bewegen, auch weite Reisen machen. Eine Vielzahl von Tätigkeiten ist möglich.

Betriebe mit einer Hierarchie bieten steuernde Objekte in der nächst höheren hierarchischen Ebene. Auch auf gleicher hierarchischer Ebene kann es steuernde Objekte geben. Einzelne Personen in einem Team, aber auch Einzelpersonen, zu denen eine stabile Beziehung aufgebaut wird, können diese Funktion übernehmen. Im Privatleben außerhalb der Arbeitsstelle kann es eine Partnerin oder ein Partner sein, sogar Kinder können diese Funktion übernehmen. In einem früheren Buch (König 1981) habe ich den Fall eines Mannes beschrieben, der ein Kind mit einem angeborenen Herzfehler hatte und der es huckepack trug, wenn er mit dem Kind das Haus verließ, weil es längere Strecken nicht laufen konnte. Das Kind wurde operiert und war dann gesund, konnte selbstständig weggehen und der Mann entwickelte Angst auf der Straße.

Der Verlust eines steuernden Objekts kann aber auch zu einer Hemmung der Initiative fühlen, die von außen gesehen so wirkt wie ein primärer Initiativemangel bei der depressiven Struktur. Bei der phobischen Struktur gelangen aber doch Handlungsimpulse an die Grenze des Vorbewussten (des Gegenwartsunbewussten, Sandler und Sandler 1985) und lösen dort Angst aus, die im Unterschied zur Signalangst bewusst wird. Der Handlungsimpuls wird dann erlebt, wegen der mit ihm verbundenen Angst aber nicht ausgeführt. Insgesamt kann man sagen: Wenn sich einem Menschen mit einer phobischen Struktur ein steuerndes Objekt bietet oder er eines organisiert, kann er freier handeln. Was er dann in der Freizeit tut, hängt von seinem Talenten und den damit verbundenen Interessen, seiner sozialen und materiellen Situation, seinem Alter, dem Geschlecht und den aktuellen und vergangenen Objektbeziehungen ab, daneben natürlich auch von weiteren, eventuell neben den phobischen, vorhandenen Strukturanteilen.

Jemand mit einer *kontraphobischen Struktur* folgt auch in der Freizeit seiner Tendenz zu Mut erfordernden Abenteuern. So unternimmt er Reisen in ferne Länder, und zwar ohne ein steuerndes Objekt, zumindest ohne ein konstant anwesendes. Führen seine Unternehmungen aber zu einem Scheitern, kann es sein, dass er sich fortan entsprechend der unter der kontraphobischen Struktur liegenden phobischen Struktur ängstlich verhält.

Menschen mit einer phallisch-narzisstischen-Struktur, bei denen die Demonstration von Geschlechtseigenschaften eine große Rolle spielt, können darauf in der Freizeit ein Stück weit verzichten. Bietet ihnen ihr Beruf aber wenig Gelegenheit, Geschlechtseigenschaften zu demonstrieren, tun sie es in der Freizeit, wobei eigene Familienangehörige als anerkennende und bewundernde Personen in der Regel nicht ausreichen. Bei einer neuen Partnerschaft erlahmt die initiale Begeisterung meist nach einiger Zeit, was dazu führen kann, dass eine neue Beziehung gesucht wird. Manche Menschen mit einer phallisch-narzisstischen Struktur halten eine Dauerbeziehung aufrecht, gehen daneben aber noch andere Beziehungen ein, die meist nach einiger Zeit wechseln, während die »Hauptbeziehung« bestehen bleibt. Ein großer Teil der Freizeit wird darauf verwendet, Partnerin oder Partner zu gewinnen.

Menschen mit einer hysterischen Struktur vom ödipalen Typ brauchen mindestens ein ödipales Dreieck. Kommt es im Beruf nicht zu Stande, wird im Privatleben danach gesucht und umgekehrt. Geht ein Partner im ödipalen Dreieck verloren, kann man meist beobachten, dass bald ein neues Dreieck etabliert wird. Das Dreieck Mitarbeiterin, Chef und dessen Frau ist bei Frauen häufig. Manche Frauen sind in ihrer Partnerwahl mit der Rolle der geliebten Tochter des Vaters und daneben auch mit dem Vater selbst identifiziert. Entsprechend suchen sie einen Partner wie in der Identifizierung mit dem Vater, der dann so sein soll wie sie selbst im ödipalen Dreieck waren, und einen Partner, der die Vaterstelle einnimmt und in den sie, meist platonisch, verliebt sind. Geht die platonische Liebe in eine reale Liebesbeziehung über, wird der platonisch Geliebte meist zum schwächeren Partner, und eine andere Vaterfigur wird gesucht. Für den Arbeitsbereich bedeutet die Problematik, dass Privates und Berufliches miteinander vermengt werden und ineinander übergehen. Der Wunsch, sich »spontan« verhalten zu können, bringt hysterisch Strukturierte vom ödipalen Typ, die dafür am Arbeitsplatz nicht ausreichend freie Räume finden, oft dazu, im Privatleben nach solchen Freiräumen zu suchen. Umgekehrt kann eine Frau, die mit einem zwanghaften Partner zusammenlebt, im Privaten zu wenig Freiheit für ihr »spontanes« Handeln finden und versuchen, sich im Beruf solche Freiräume zu verschaffen.

Bewerbungen

Wie sich jemand bei einer Bewerbung präsentiert, hängt auch von der Charakterstruktur ab. *Schizoid strukturierte Bewerber* legen oft wenig Wert auf ihr Äußeres. Sie halten es für »nicht wichtig«. Der schizoid Strukturierte mag sich nicht irgendwelchen Kleiderregeln anpassen. Das würde seine Autarkie infrage stellen. Manche schizoid Strukturierte legen in dem Sinne Wert auf ihre äußere Erscheinung, dass sie sich von anderen unterscheiden wollen.

Findet ein schizoid Strukturierter die Sache gut, um die es in dem Betrieb geht, zum Beispiel wenn ein Betrieb ähnliche, für die Menschheit nützlichen Ziele verfolgt wie der schizoid Strukturierte selbst, kann ein Chef von ihm hohen Arbeitseinsatz erwarten. Trifft das nicht zu, kann es sein, dass ein solcher Bewerber die Freizeit für arbeitsintensive Zielsetzungen verwendet, zum Beispiel im Bereich der Politik, und die Arbeit im Betrieb für ihn erst an zweiter Stelle steht.

Die meisten der schizoid Strukturierten erlernen keinen Beruf, bei dem die Beachtung von Details und der Umgang mit ihnen zentral sind. Treffen sie in einem Betrieb mehr Detailarbeit an, als sie vorher wussten, kann es sein, dass sie bald wieder gehen.

Narzisstisch Strukturierte überschätzen eigene Kompetenzen. Das müssen aber nicht die Kompetenzen sein, um die es bei der Berufsarbeit geht. Für narzisstisch Strukturierte können Hobbys den Bereich darstellen, in dem sie sich beweisen wollen. Ihre beruflichen Kompetenzen überschätzen sie dann vielleicht nicht. Viele narzisstisch Strukturierte können sich gut anpassen, wenn es ihren Zwecken dient. Meist sind sie auch gute Beobachter und können andere gut manipulieren. Dabei hilft ihnen ihre Menschenkenntnis, die sie durch Beobachtungen menschlicher Reaktionen erwerben. Andere haben wegen großer Kränkbarkeit Schwierigkeiten im Beruf, die bald manifest werden, oft schon bei der Bewerbung.

Depressiv Strukturierte suchen in einem Betrieb eine warme Atmosphäre. Sachlichen Umgang empfinden sie oft schon als kalt. Sie möchten willkommen sein, und weil sie ihre eigene latente Gier projizieren, haben sie Angst, ausgenutzt (»ausgesogen«) zu werden. Weil sie andererseits zur Selbstausbeutung neigen, sind sie erst einmal für feste Arbeitszeiten dankbar. Bleibt ihnen keine Pufferzeit, in der sie nachholen können, was sie während der Arbeitszeit nicht schaffen konnten, macht ihnen das Angst.

Sie haben Schwierigkeiten damit, ihre positiven Merkmale herauszustellen, das gestattet ihre Bescheidenheitsideologie nicht. Sie stellen ihr Licht unter den Scheffel, möchten aber gleichzeitig, dass es entdeckt wird. Werden positive Merkmale während eines Jobinterviews nicht erkannt und nicht nachgefragt, fühlen sie sich ungerecht behandelt. Sie möchten auf das, was sie zu bieten haben, nicht hinweisen müssen.

Zwanghaft Strukturierte möchten etwas leisten und durch Leistung punkten. Mit ihren Bewerbungsunterlagen betreiben sie großen Aufwand, die Unterlagen sehen professionell aus oder fallen durch besondere Ausführlichkeit auf. Bei der Bewerbung auf eine Stelle, wo wissenschaftlich gearbeitet wird, fallen ihre Publikationslisten durch dysfunktionale Vollständigkeit auf; es werden auch Publikationen genannt, die andere weglassen würden.

In einem Bewerbungsgespräch legen zwanghaft Strukturierte großen Wert darauf, »richtig« verstanden zu werden. Während depressiv Strukturierte Bewerbungsgespräche fürchten, weil sie Angst davor haben, die Zeit nicht füllen zu können, ist für zwanghaft Strukturierte die vorgesehene Zeit oft nicht lang genug, weil sie meinen, ihre Beurteilung durch den Einstellenden durch eine große Menge von Informationen auf den richtigen Weg bringen zu müssen.

Versucht der Interviewer beim Bewerbungsgespräch eine kollegiale Beziehung herzustellen, gewissermaßen auf gleicher Ebene, werden zwanghafte Bewerber verunsichert. Auf gleicher Ebene mit jemandem fühlen sie sich unwohl, sie müssen »oben« oder »unten« sein. Wird ihnen im Bewerbungsgespräch, soweit das im Rahmen eines solchen Gespräches möglich ist, eine Beziehung auf kollegialer Ebene angeboten, beinhaltet das für sie die Versuchung, nach »oben« gelangen zu wollen, was in einem Bewerbungsgespräch vielleicht keinen positiven Eindruck machen würde.

Phobisch Strukturierte suchen sich den Erwartungen anzupassen. Es soll zu keinen Unstimmigkeiten kommen. Depressiv Strukturierte fürchten, dass mehr von ihnen verlangt wird, als sie bieten können. Zwanghafte Strukturierte wollen mehr Informationen geben, als verlangt wird. (Andererseits fürchten sie, sich durch die Informationen in die Gewalt des Interviewers zu begeben.) Der phobisch Strukturierte möchte aber genauso so viel und genau das geben, was erwartet wird. Man kann auch sagen: Er möchte nicht unangenehm auffallen. Auch seine Bewerbungsunterlagen möchte er genau so anfertigen, wie das erwartet wird. Stehen ihm Bewerbungsunterlagen erfolgreicher Bewerber beim gleichen Betrieb zur Verfügung, weil Freunde oder Bekannte sich dort beworben haben, nimmt er sie zum Vorbild. An sich ist das sinnvoll, es kann aber nach hinten losgehen, wenn an andere Bewerber, deren Unterlagen er sich zum Vorbild nimmt, andere Erwartungen gerichtet wurden als an ihn selbst, weil die Stellen sich unterscheiden. Er möchte überhaupt wissen, was man von ihm erwartet. Die Frage, warum er die Stelle haben will und wie er sich seine Tätigkeit vorstellt, kann ihn mehr verunsichern als andere.

Kontraphobisch Strukturierte können sich ohne ausreichende Vorbereitung zum Bewerbungsgespräch begeben. Sie finden es gut, ein Risiko einzugehen. Erleiden sie Schiffbruch, kann es sein, dass sie bei einer nächsten Bewerbung in ein exquisit phobisches Verhalten zurückfallen, überängstlich reagieren und sich mehr anpassen möchten als nötig ist.

Hysterische Strukturierte vom phallisch-narzisstischen Typ akzentuieren bei einer Bewerbung, wie auch sonst, männliche oder weibliche Eigenschaften. Ist der Interviewer ein Mann, können sie bei ihm konkurrierende Reaktionen hervorrufen, was sich ungünstig auswirken kann. Eine Frau, die Eigenschaften betont, die sie den Männern zuschreibt, macht in unserer, meist noch überwiegend männlich bestimmten Arbeitswelt oft einen guten Eindruck, sie kann aber auch in Konkurrenz geraten.

Eine Frau, die mit der klassischen weiblichen Rolle identifiziert ist und in Kleidung und Verhalten das Weibliche überbetont, kann positive oder negative Reaktionen hervorrufen. Es kann sein, dass der

Interviewer eine attraktive Frau einstellen möchte, vor allem dann, wenn er persönlich mit ihr zusammenarbeiten soll, es kann aber auch sein, dass er durch eine Frau, die sich weiblich-attraktiv gibt, bei der Arbeit abgelenkt zu werden fürchtet. Soll die Frau in einem anderen Bereich des Betriebs arbeiten, fürchtet er vielleicht, dass sie andere von der Arbeit abhält oder ihrer Selbstpräsentation mehr Aufmerksamkeit und Energie widmet als der Arbeit. Vielleicht wird der Interviewer oder die Interviewerin, wenn Männer und Frauen ihre Geschlechtseigenschaften betonen, besonders auf die Bewerbungsunterlagen achten, um sich einen mehr sachbezogenen Eindruck zu verschaffen. So kann es kommen, dass die Bewerbungsunterlagen größeres Gewicht erhalten als bei Bewerbern, die Geschlechtseigenschaften nicht in den Vordergrund stellen.

Bei *hysterisch strukturierten Männern und Frauen vom ödipalen Typ* wirkt sich die Tendenz, ödipale Dreiecke zu inszenieren, oft erst aus, wenn am Arbeitsplatz Dreiersituationen auftreten, also nachdem die Stelle bereits angetreten wurde. Das Konkurrenzverhalten eines hysterisch strukturierten Bewerbers vom ödipalen Typ oder einer Bewerberin dieses Typs im Interview kann über das vom Interviewer Erwartete hinausgehen, wenn die Konkurrenzsituation mit anderen Bewerbern zusammen als ein ödipales Dreieck aufgefasst wird. Das kann vom Interviewer positiv gesehen werden, wenn der Interviewer den Eindruck bekommt, dass der Bewerber oder die Bewerberin an einer Einstellung besonders interessiert ist und besonders bemüht sein wird, Erwartungen des Betriebes zu erfüllen. Es kann aber auch unangenehm auffallen.

Eine große Rolle spielen bei hysterisch strukturierten Bewerbern oder Bewerberinnen *Defizite im Bereich der Ich-Funktionen*. In vielen, wenn nicht den meisten Berufen sind Ich-Funktionen erforderlich, die bei der hysterischen Struktur vom ödipalen Typ unterentwickelt sind. In den meisten Berufen muss auf der Basis ausreichender Informationen gehandelt werden, was hysterisch Strukturierte vom ödipalen Typ oft nicht tun, weil sie sich ohne ausreichende Informationen »spontan« verhalten. Frustrationstoleranz, Affekttoleranz und Impulskontrolle sind in vielen, wenn nicht den meisten Berufen erforderlich. Der Mitarbeiter muss eine Arbeit auch zu Ende führen können, statt sie liegen zu lassen und etwas Anderes, Neues anzufangen. Gewinnt der Interviewer den Eindruck, dass es im Bereich der genannten Ich-Funktionen Probleme gibt, wird er sich die Unterlagen genauer ansehen als bei anderen Bewerbern und etwaige Flüchtigkeitsfehler aufmerksamer bewerten als bei anderen.

Therapien

Ralph Greenson (1967) hat die Arbeitsbeziehung in psychoanalytischen Therapien konzeptualisiert: Der Patient verbündet sich mit dem Analytiker – in der Formulierung von Greenson: mit dessen analysierendem Ich – und arbeitet mit ihm in der Interpretation dessen zusammen, was in der Stunde geschieht. Er fragt sich zum Beispiel, ob er vor etwas davonlaufe, wenn ihm jetzt ein neues Thema einfalle und er sich diesem zuwende, statt beim Thema davor zu bleiben.

Greenson hat sich auch dafür interessiert, wie ein Patient mit dem, was er in der Stunde erfährt und erkennt, zwischen den Stunden umgeht. Es sieht das Durcharbeiten (Greenson 1965) nicht oder nicht nur in der Bearbeitung von Widerständen, wie Freud das getan hat. Zum Durcharbeiten zählt Greenson auch die Anwendung der Erfahrungen und Erkenntnisse aus den analytischen Stunden im Alltag. Nur wenn das in den Stunden Gewonnene im Alltag angewandt werde, könne es wirksam sein.

Bei einer hohen Stundenfrequenz wird die Arbeit stärker in die Stunden verlagert, das Durcharbeiten findet im klassischen Sinne in einer Arbeit an den Widerständen statt, die in der Stunde auftreten.

Daneben sollte aber (vgl. König 2007) an den Widerständen gegen das Umsetzen im Alltag gearbeitet werden, also an Widerständen, die zwischen den Stunden auftreten.

Wie jede Art von Arbeit ist die Arbeit des Patienten in einer Therapie von dessen Charakter abhängig: *Schizoid Strukturierte* richten ihre Aufmerksamkeit auf das Prinzipielle. Beim Durcharbeiten geht es aber auch um Details.

Bei *narzisstisch Strukturierten* wird der Alltag so gestaltet, dass möglichst viel Anerkennung und Bewunderung erreicht werden kann. Konfrontationen mit der Realität, die Omnipotenzphantasien infrage stellen könnten, werden vermieden. Kritik wird zurückgewiesen, und der Kritisierende wird entwertet. Der narzisstisch Strukturierte muss, um mit Menschen ohne solches Handeln auskommen zu können, auf einen Teil der Omnipotenzphantasien verzichten und sich mit Kritik auseinandersetzen. Um sich in seine Mitmenschen hineinversetzen zu können, muss der narzisstisch Strukturierte sie zuerst als Personen mit eigenen Motiven des Wahrnehmens, Fühlens und Handelns erkennen und akzeptieren.

Bei einer *depressiven Struktur* erschwert Initiativemangel das Durcharbeiten. Zwischen den Stunden muss der depressiv Strukturierte die Erfahrung machen können, dass orale Wünsche nicht alle gefährlich und viele davon erfüllbar sind und andere als unrealistisch erkennen. Alternative Beziehungsmöglichkeiten zu einer versorgenden Beziehung sollten entwickelt werden. Die Selbsteinschätzung und die Bewertung der Objekte müssen in Frage gestellt werden. Der Analytiker kann seinen Patienten helfen, die Aufgabe des Durcharbeiten zwischen den Stunden zu bewältigen, indem er auf Berichte des Patienten über sein Alltagsleben eingeht und nicht alles gleich in der Übertragung deutet (König 1998, 2007).

Bei *Patienten mit einer Zwangsstruktur* ist es in den Stunden erforderlich, zunächst die Abwehrmechanismen Isolierung aus dem Zusammenhang und Isolierung vom Affekt zu bearbeiten, weil Erkenntnisse sonst meist nicht gewonnen werden können oder, wenn sie doch gewonnen werden, wirkungslos bleiben. Dabei hat die Isolierung aus dem Zusammenhang Vorrang. Sie verhindert das Erkennen von Analogien, was ja in analytischen Therapien von zentraler Bedeutung ist. Ein Erkennen der Übertragung wird erschwert oder ist unmöglich, wenn verschiedene Situationen nicht vergleichend auf Gemeinsamkeiten untersucht werden können.

Die Isolierung vom Affekt verhindert, dass die mit einer bestimmten Vorstellung verbundenen Affekte erlebt werden können. Inhalte und die Affekte, die sie auslösen, gehören zusammen, wie eine Partitur und ein Orchester. Wird vom Affekt isoliert, bleibt das Orchester stumm. In den Beziehungen außerhalb der Stunde treten Schwierigkeiten im Umgang mit anderen Menschen auf gleicher Ebene auf, die wegen der spezifischen Rollenasymmetrie in der Therapie nicht auftreten können. Hier ist es besonders wichtig, das Leben des Patienten zwischen den Stunden in die Deutungsarbeit mit einzubeziehen.

Phobisch Strukturierte sollten sich ihrer Überbewertung interpersoneller Harmonie bewusst werden. Dazu gehört, dass sie erkennen, weshalb sie interpersonelle Konflikte so sehr fürchten müssen. Entsprechendes gilt für das bei phobisch Strukturierten ausgeprägte Vermeidungsverhalten. Es ist auch wichtig, dass ein phobisch Strukturierter im Alltagsleben erkennt, wo er seine tatsächlich vorhandenen Kompetenzen unterschätzt und wo ihm Kompetenzen fehlen. Wegen des Vermeidungsverhaltens sind soziale Kompetenzen oft tatsächlich unterentwickelt.

Bei der *phallisch-narzisstischen Struktur* stehen die Anerkennung und Bewunderung von Geschlechtseigenschaften im Vordergrund der Wünsche. Entsprechend wird die Demonstration von Geschlechtseigenschaften trainiert und kultiviert, während andere Kompetenzen vernachlässigt werden. Nehmen die Wünsche nach Anerkennung und Bewunderung von Geschlechtseigenschaften ab, entsteht mehr Raum für Anderes, dessen Entwicklung in der Alltagspraxis mit Ängsten verbunden ist. In der Therapie gilt es, solche Ängste zu bearbeiten. Die Bearbeitung erfolgt im Umgang mit dem Material, das der Patient aus der Zeit zwischen den Stunden in der Therapie einbringt.

Bei der *hysterischen Struktur vom ödipalen Typ* spielt das Wahrnehmen und Erkennen eine große Rolle. Überhaupt sind Entwicklungsstörungen von Ich-Funktionen zentral, ähnlich wie bei den so genannten Frühstörungen. Mehr als bei anderen Strukturen (ohne großen Frühstörungsanteil) geht es um die Weiterentwicklung der Ich-Funktionen. In der Vielfalt des Alltagslebens treten sie deutlicher zu Tage als in der analytischen Stunde, wo zwei Menschen in festgelegten Rollen miteinander umgehen. Die Unterschiede zwischen den Erfahrungen als Kind und den Notwendigkeiten einer Erwachsenenrolle zeigen sich ebenfalls am deutlichsten im Alltagsleben. Die Inszenierung ödipaler Dreiecke kann in der analytischen Stunde geschehen, wenn nicht anwesende Personen mit einbezogen werden. In Bezug auf das Alltagsleben kann an konkreten Dreier-Interaktionen gearbeitet werden.

Glossar

Abwehrmechanismus: im Vorbewussten ausgelöster psychischer Vorgang, der verhindert, dass Affekte, Stimmungen und Handlungsimpulse in ihrer ursprünglichen Form bewusst werden.

Abwehrverhalten: ein Verhalten, das zur Unlustvermeidung eingesetzt wird, durch das Orte, Personen oder Situationen vermieden werden, die Unlust auslösen könnten.

Arbeitsstörung: Störung im Arbeitsablauf, die daran hindert, eine Arbeit zu beginnen oder sie sachgerecht durchzuführen.

Burnout: krankheitswertwertige Symptomatik, die entstehen kann, wenn unter innerem oder äußerem Druck zu viel gearbeitet wird.

Deskriptives Unbewusstes: Vorbewusstes plus Unbewusstes zusammen, das alles umfasst, was nicht bewusst ist.

Ich-Funktionen: zu den Ich-Funktionen gehören die Abwehrmechanismen, die Intelligenzleistungen, das Erzeugen und Aushalten von Gefühlen und das Zurückhalten von Impulsen, die nicht in eine bestimmte Situation passen und nachteilige Folgen hätten. Eine zentrale Aufgabe der Ich-Funktionen ist, das Aufnehmen und Aufrechterhalten von Beziehungen und das Leisten von Arbeit zu ermöglichen und zu fördern.

Struktur, depressive: Charakterstruktur, die durch eine Betonung von Einsatz in Beziehungen, Selbstunterschätzung, Überschätzung anderer Personen, Abhängigkeit von anderen Personen und Blockierungen von Initiative und Genussfähigkeit gekennzeichnet ist.

Struktur, hysterische vom ödipalen Typ: Charakterstruktur, die durch eine starke Tendenz zum Inszenieren ödipaler Dreiecke charakterisiert ist. Ein ödipales Dreieck besteht aus Kind, Vater und Mutter. Mit ödipal ist hier gemeint, dass in einer solchen Dreiecksbeziehung unbewusste Wünsche, Phantasien und Befürchtungen auftreten wie bei einem Kind im vierten oder fünften Lebensjahr. Das Kind möchte Dauerpartner einer bereits gebundenen Person sein. Es rivalisiert mit dem gleichgeschlechtlichen Elternteil um den gegengeschlechtlichen; im so genannten negativen Ödipuskomplex spiegelbildlich mit dem gegengeschlechtlichen um den gleichgeschlechtlichen Elternteil. Die Fixierung in dieser Entwicklungsphase bedingt, dass die Weiterentwicklung von Ich-Funktionen behindert wird, die in der nächsten Entwicklungsphase, der so genannten Latenzzeit, stattfinden müsste.

Struktur, hysterische vom phallisch-narzisstischen Typ: Charakterstruktur, die durch eine Überbewertung und Überbetonung von Geschlechtseigenschaften gekennzeichnet ist und auch als geschlechtszentrierte Struktur bezeichnet werden könnte. Phallisch-narzisstisch strukturierte Menschen rivalisieren mit solchen des gleichen Geschlechts darum, wer als »männlicher« oder »weiblicher« von anderen Männern und Frauen bewertet wird. Die Bestätigung der Geschlechtseigenschaften reicht aus, eine Dauerbeziehung wird oft nicht angestrebt

Struktur, narzisstische: Charakterstruktur, die durch Selbstüberschätzung und Unterschätzung anderer Personen gekennzeichnet ist. Andere Menschen werden nach ihren Funktionen beurteilt und oft nicht als Personen wahrgenommen.

Struktur, phobische: Charakterstruktur, die durch allgemeine Ängstlichkeit, Unterschätzung eigener Kompetenzen und Harmoniebedürftigkeit gekennzeichnet ist. Es wird nach Beziehungen zu Personen gesucht, die steuernde Funktionen übernehmen. Ungestörte Arbeitsabläufe kommen meist nur zu Stande, wenn ein steuerndes Objekt verfügbar ist.

Struktur, schizoide: Charakterstruktur, die durch Angst vor persönlicher Nähe, Rückzug aus der äußeren Realität nach innen und oft eine stark ausgeprägte Neigung zu abstraktem Denken gekennzeichnet ist. Details werden vernachlässigt, Zusammenhänge stehen im Vordergrund.

Struktur, zwanghafte: Charakterstruktur, die durch eine Betonung von Behalten und Bewahren, durch Blockierungen und Umwandlungen von aggressiven Impulsen und Gefühlen, durch eine ausgeprägte Beschäftigung mit Details, oft einem fehlenden Erkennen von Zusammenhängen, manchmal durch das Fehlen erlebter Kontinuität beim Ausführen einer Arbeit und hierarchisches Denken und Erleben in Beziehungen gekennzeichnet ist.

Unbewusstes: Ort psychischer Inhalte, die durch einen so genannten Zensor daran gehindert werden, bewusst zu werden und durch eine Bearbeitung von Abwehrmechanismen bewusst werden können. Man spricht auch vom infantilen Unbewussten. Es enthält neben Inhalten des autobiographischen Gedächtnisses, die mit Worten beschreibbar sind, auch Inhalte, die mit Worten schwer oder gar nicht beschrieben werden können und im so genannten präverbalen, auch performativ genannten Gedächtnis gespeichert sind.

Vorbewusstes: Ort psychischer Inhalte, die aktuell nicht bewusst sind oder durch einen so genannten Zensor daran gehindert werden, bewusst zu werden. Nach den britischen Psychoanalytikern Sandler und Sandler (1985) auch Gegenwartsunbewusstes genannt.

Literatur

Argelander, H. (1972): *Gruppenprozesse. Wege zur Anwendung der Psychoanalyse in Behandlung, Lehre und Forschung*. Rowohlt, Reinbek.

Bion, W. R. (1974): *Erfahrungen in Gruppen und andere Schriften*. Klett Verlag, Stuttgart.

Boll-Pallievskaya, D. (2009): *Russische Frauen. Innen- und Außenansichten*. Books on Demand, Norderstedt.

Burisch, M. (2010): Das Burnout-Syndrom 4. Auflage. Springer-Verlag, Berlin, Heidelberg.

Buss, D. (1989): *Sex differences in human mate preferences. Evolutionary hypothesis tested in 37 cultures. Behavioral and Brain Sciences 12*: 1-49.

Erikson, M. H. (1978): *Identität und Lebenszyklus.* Suhrkamp, Frankfurt a. M.

Fengler, J. (2008): *Helfen macht müde. Zur Analyse und Bewältigung von Burnout und beruflicher Deformation.* Klett-Cotta Verlag, Stuttgart.

Freud, A. (1936) Das Ich und die Abwehrmechanismen. *Die Schriften der Anna Freud*, Bd. 1 : 191-355. Kindler, München.

Freud, S. (1926): Hemmung, Symptom und Angst. *G. W.* XIV.

Freudenberger, H. J. (1974): Staff burn-out. *Journal of Social Issues* 30. 159-165.

Greenson, R. R. (1965): The problem of working through. In: Schur, M. (Hrsg.): *Drives, Affets, Behavior*. Int. Univ. Press, New York.

Greenson, R. R. (1967): The Practice and Technique of Psychoanalysis. *Int. Univ. Press*, New York (dt.: *Technik und Praxis der Psychoanalyse*. Klett, Stuttgart 1975).

Hedderich, I. (2009): *Burnout*. C. H. Beck Verlag, München.

Herdieckerhoff, G. (1974): Stimmung und Stimmungsübertragung in psychoanalytischer Therapie. *Forum Psychoanal.* 3: 243-251.

Hoffmann, S. O. (1984): *Charakter und Neurose.* Suhrkamp Verlag, Frankfurt a. M. (2. Aufl.).

König, K. (1974): Arbeitsbeziehungen in der Gruppenpsychotherapie – Konzept und Technik. *Gruppenpsychother. Gruppendyn.* 8: 152-166.

König, K. (1976): Übertragungsauslöser – Übertragung – Regression in der analytischen Gruppe. *Gruppenpsychother. Gruppendyn.* 10: 220-232.

König, K. (1981): *Angst und Persönlichkeit. Das Konzept vom steuernden Objekt und seine Anwendungen.* Vandenhoeck & Ruprecht, Göttingen (6. Aufl. 2000).

König, K. (1992): *Kleine psychoanalytische Charakterkunde.* Vandenhoeck & Ruprecht, Göttingen (10. Aufl. 2010).

König, K. (1996): *Abwehrmechanismen.* Vandenhoeck & Ruprecht, Göttingen (4. Aufl. 2007).

König, K. (1998b): *Arbeitsstörungen und Persönlichkeit.* Psychiatrie-Verlag, Bonn.

König, K. (2004): *Charakter, Persönlichkeit und Persönlichkeitsstörung.* Klett-Cotta Verlag, Stuttgart.

König, K. (2007): *Transfer – von der Psychotherapie in den Alltag.* Klett-Cotta Verlag, Stuttgart.

Kohut, H. (1971) *Narzissmus. Eine Theorie der Behandlung narzisstischer Persönlichkeitsstörungen.* Suhrkamp Verlag, Frankfurt a. M.

Meyden, N. (2008): *Business-Etikette.* Cornelsen Verlag, Berlin.

Riemann, F. (1976): *Grundformen der Angst. Eine tiefenpsychologische Studie.* Reinhardt Verlag, München.

Sandler, J. (1992): Reflections on the development of psychoanalytic technique. *Int. J. Psycho-Anal.* 73: 189-198.

Sandler, J. (Hrsg.) (1987): *Projection, identification, projective identification.* Int. Univ. Press. Madison, Conn.

Sandler, J. (1992): Reflections on the development of psychoanalytic technique. *Int. J. Psycho-Anal.* 73: 189-198.

Schmidt, B. (2004): *Burnout in der Pflege. Risikofaktoren – Hintergründe – Selbsteinschätzung.* Kohlhammer Verlag, Stuttgart.